Information über Information

Zum Wesen der Information im Spektrum von

Informatik,

Thermodynamik,

Quantenphysik,

Evolution,

Statistik,

Logik &

Philosophie

Bibliografische Information der Deutschen Nationalbibliothek
Die Deutsche Nationalbibliothek verzeichnet diese Publikation in der Deutschen Nationalbibliografie; detaillierte bibliografische Daten sind im Internet
über http://dnb.d-nb.de abrufbar.
1. Aufl. - Göttingen : Cuvillier, 2012

978-3-95404-159-6

Nonnenstieg 8, 37075 Göttingen
Telefon: 0551-54724-0
Telefax: 0551-54724-21
www.cuvillier.de

1. Auflage, 2012
Gedruckt auf säurefreiem Papier

978-3-95404-159-6

http://information-emergence.dyndns.info

Originalausgabe

Printed in Germany

Autoren

Roman A. Englert promovierte 1998 im Bereich Computer Vision. Während seiner Assistenzprofessur an der Ben-Gurion Universität (Israel) habilitierte er 2008 im Bereich der *Künstlichen Intelligenz* an der Technischen Universität Berlin. Seit Anfang 2010 ist Dr. Englert Gastprofessor im Fachbereich *Human-Computer-Interaction* an der Universität Siegen. Er schrieb über 60 internationale Publikationen in den Bereichen Künstliche Intelligenz, Usability und Optimierung im Mobilfunk, und hat ein Förderstipendium vom Evangelischen Studienwerk Villigst e.V. Beruflich ist er in Management-Positionen bei einem führenden deutschen Telekommunikationsunternehmen tätig.

Wolfgang Johannsen promovierte 1990 in Informatik. Nach einer Tätigkeit als Research Staff Member im European Networking Center der IBM Deutschland in Heidelberg bekleidete er ab 1992 in der Deutschen Bank AG unterschiedliche Management-Positionen; zuletzt als Chief of Staff im Bereich IT/Operations. Ab 1998 war Dr. Johannsen Associate Partner bei der Unternehmungsberatung Accenture GmbH mit dem Schwerpunkt strategische IT-Entwicklung. Seit 2006 ist er im Bereich IT-Governance selbständig und ist Wissenschaftlicher Mitarbeiter im FB Fachbereich Elektrotechnik und Informationstechnik (Teilzeit) der TU Darmstadt sowie Dozent an der Frankfurt School of Finance & Management.

Kurzfassung

In diesem Beitrag gehen wir der Natur und dem Wesen der Information aus gegenwärtiger wissenschaftlicher und erkenntnistheoretischer Sicht nach. Wir verfolgen dabei die These, dass Information nicht nur für das Verständnis vom Aufbau der Welt grundlegend ist, sondern auch fundamentale Bedeutung für den physikalischen Aufbau der Welt hat. Dies erfolgt auf der Basis der Frage nach dem Realen, d. h. der Rolle der Information als wirklichkeitsschaffendes Phänomen für den wahrnehmenden Menschen, und dem heutigen wissenschaftlichen Verständnis dazu.

Vier Stränge naturwissenschaftlicher Erkenntnisbildung werden dabei verfolgt: Zunächst konzentrieren wir uns auf die Informationstheorie und auf die Thermodynamik. Wichtige Aspekte der Quantenphysik und des Quanten-Computing sowie schließlich Aspekte der Evolution und der Genetik bilden die beiden weiteren Stränge. Dabei berücksichtigen wir auch Denkansätze, die der Information als physikalisches Phänomen eine Bedeutung zuweisen.

Die naturwissenschaftlichen Gesichtspunkte werden um einen Diskurs über relevante Aspekte von Statistik und Logik ergänzt. Statistik repräsentiert Information unter Einbeziehung des Aspekts Zufall und bildet in der Quantenphysik den Weg zur Beschreibung des Realen. Eine Ergänzung der klassischen Logik durch die sogenannte intuitionistische Logik basiert auf der Nachvollziehbarkeit von Aussagen bzw. der repräsentierten Information. Damit erhält die Information durch die Konstruktion aus ihrer Repräsentation eine wahrnehmbare Realität.

Als wesentliches Ergebnis wird gezeigt, dass Information als neue „Quintessenz" (in Anlehnung an die Quintessentia der Antike) verstanden werden kann, die nicht nur in das Bild der Naturwissenschaften und der Philosophie passt, sondern deren Wesen auch das Verständnis zur Verbindung zwischen der erfahrbaren Natur und der nicht verstehbaren Natur - weil unserem klassischem Naturverständnis entzogen - zu erfassen hilft.

Inhalt

1. Einleitung

Die vorliegende Darstellung geht der Frage nach, was Information im naturwissenschaftlichen Sinne heute bedeutet. Sie fasst dazu die Geschichte und den gegenwärtigen Stand der Diskussion zum Wesen der Information in Physik, Biologie und Informatik, Statistik, Logik und Erkenntnistheorie zusammen.

Vier Stränge struktur- und naturwissenschaftlicher Erkenntnisbildung werden dabei verfolgt (Kapitel 2): Der erste Entwicklungsstrang stellt mit der Informationstheorie die Information unmittelbar in den Mittelpunkt. Dabei wird bereits die enge Beziehung des Shannonschen Verständnis von Information mit der Entropie der Thermodynamik deutlich. Diese steht dann mit der Herleitung von Entropie und Information im Zentrum des zweiten Entwicklungsstranges. Die lang anhaltende Auseinandersetzung in der Physik mit dem Maxwellschen Dämon findet hier besondere Berücksichtigung. Dieser Maxwellsche Dämon stellte über Jahrzehnte eine gewisse Bedrohung für den zweiten Hauptsatz der Thermodynamik dar und konnte erst über die vertiefte Auseinandersetzung mit dem Wesen Information ausgeschaltet werden. Der dritte Entwicklungsstrang verläuft über die Quantenphysik. Für die Quantenphysik erweist sich heute die Interpretation der Rolle von Information als Schlüssel zum Verständnis ihrer Phänomene. Entsprechend substanziell hat sie ihrerseits das heutige Verständnis von Information beeinflusst. Hier stehen das Messproblem, Superposition und Verschränkung im Mittelpunkt der Darstellung. Insbesondere auch das Quanten-Computing als Erweiterung der „klassischen" Manipulation von Information mit Turing-Maschinen. Einem ausgewählten Zweig des wissenschaftlichen Diskurses folgend, werden wir Denkansätze, die der Information als physikalisches Phänomen eine Bedeutung zuweisen, besonders berücksichtigen. Im vierten Strang werden die evolutionäre Biologie und die Entwicklung der Wahrnehmung beim Menschen betrachtet.

Die Repräsentation von Information wird in Kapitel 3 beleuchtet, wobei deren Verwendung in der Statistik und Logik eine zentrale Rolle des Diskurses zukommt. Information wird über ihre Repräsentation erst zugänglich und ist insofern auch eng mit ihrem

Wesen verknüpft. Information hat in der Statistik und der Logik eine abstrakte Rolle und wird zum Verifizieren, (logischem) Schließen für Voraussagen, oder zum Beweisen / Widerlegen verwendet. Dies ist notwendig, um die Welt im Kleinsten zu „erfahren“ und zu verstehen. Eine besondere Bedeutung kommt dieser Betrachtung zu, weil elementare (kleinste) Entitäten in dieser Welt vermutlich nicht nur aus reiner Materie bestehen, sondern weil Information eine Eigenschaft von ihr ist.[1]

Die Zusammenführung dieser Stränge greift nicht zuletzt zur Hypothese John Wheelers „It from Bit“ auf und damit zur These, dass materielle Existenz und das Seiende überhaupt erst über Information als Grundeinheit der Natur - versus der Materie - möglich ist. Ein Abschnitt zur diesbezüglichen erkenntnistheoretischen Einordnung des Quanten-Computings schließt die Darstellung ab.

Die grundlegenden Gedanken der Logik kommen aus der Philosophie. Die Untersuchung von Information in der heutigen Philosophie über Ontologie und Erkenntnis ist Gegenstand von Kapitel 4. In unserer Darstellung dazu konzentrieren wir uns auf naturphilosophische Aspekte, auf eine Diskussion des Konstruktivismus als erkenntnistheoretisches Modell, und auf die evolutionäre Erkenntnistheorie als Erklärungsmodell für das evolutionäre Entstehen von Erkenntnis bzw. Realitätswahrnehmung.

Wir ordnen den vorliegenden Beitrag als wissenschaftstheoretische Darstellung einer interdisziplinären Thematik ein. Dabei wollen wir, nachdem wir aktuelle Erkenntnisse zu Wesen und Eigenschaften der Information herausgearbeitet haben, uns fragen, wie aus der Information Wissen und Erkenntnis werden kann. Hierzu gibt Kapitel 5 mit einer konsolidierten Sicht auf den Begriff Information eine Antwort. Der Beitrag schließt mit einem Resümee und Ausblick.

---

[1] Lochmann, D., 2004. Vom Wesen der Information. Books on Demand GmbH, Norderstedt, ISBN 3-884-1691-2.

Wir streben in unserer Darstellung Allgemeinverständlichkeit an und verzichten insbesondere auf mathematische und formale Notation.

1.1. Der Rahmen dieses Diskurses

In unserem Beitrag gehen wir der Natur und dem Wesen der Information aus aktuell wissenschaftlicher Sicht nach. Dabei konzentrieren wir uns auf eine naturwissenschaftliche und technische Perspektive mit den Schwerpunkten in der Thermodynamik, der Informationstheorie, der Quantenphysik, der Biologie und der (Quanten-)Informatik (Abbildung 1). Dies wohl wissend,

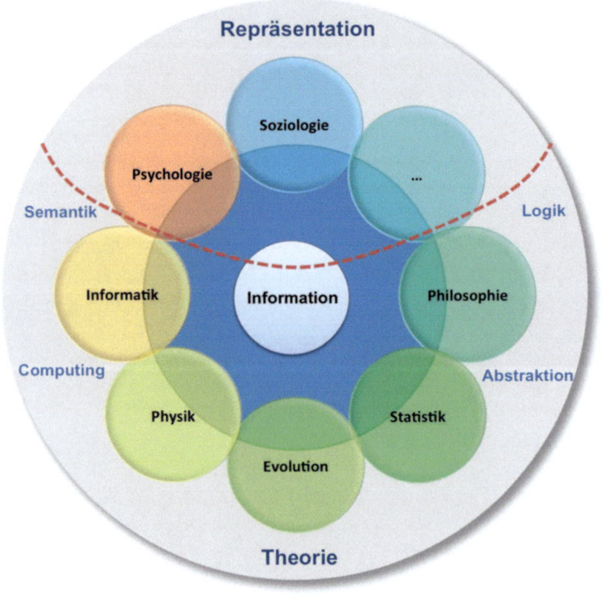

Abb. 1 *Eine struktur- und naturwissenschaftliche Fokussierung auf die Information*

dass die Deutung quantenphysikalischer Phänomene alles andere als unstrittig geblieben ist.

Wir gehen dabei der These nach, dass Information nicht nur für das Verständnis vom Aufbau der Welt grundlegend ist, sondern auch fundamentale Bedeutung für den Aufbau der Welt hat. Dies können wir sinnvoll tun, indem wir uns der Frage nach der Realität, d.h. deren Bedeutung und dem heutigen wissenschaftlichen Verständnis dazu, stellen. Motiviert wird dieses Vorgehen durch die Entwicklung der Quantenphysik in der Begriffe wie Energie, Raum, Materie, Feld oder Teilchen anders interpretiert werden müssen als in der klassischen Physik. Holger Lyre[2] begründet dies folgendermaßen: „Dies lässt sich als ein erstes Indiz dessen ansehen, dass der fundamentale begriffliche Aufbau der Quantenphysik eines ontologisch abstrakteren Begriffs bedarf - und hier wird sich der Informationsbegriff als Kandidat erweisen".

1.2. Was ist eigentlich Information oder was ist Information *eigentlich*?

Seit den tiefgreifenden Umwälzungen in der Physik, die mit den Grundlagen der Quantenphysik vor nunmehr über 100 Jahren[3] einsetzten, taucht die Information immer wieder im Zusammenhang mit Entropie, mit Energie sowie mit der Deutung quantenphysikalischer Phänomene wie dem der Verschränkung auf. Information gehört offenbar ebenso zu den fundamentalen Grundlagen der „Funktionsweise" der Natur wie sie, seit der Identifizierung der DNA als Informationsträger in der Genetik, Bestandteil der fundamentalen „Funktionsweisen" des Lebens ist. Ein schlüssiges Gesamtbild zum Wesen der Information steht jedoch bis heute aus.

---

[2] Lyre, H., 2012. Informationstheorie: Eine philosophisch-naturwissenschaftliche Einführung, UTB, Stuttgart.

[3] Kumar, M., 2009. Quantum: Einstein, Bohr and the Great Debate About the Nature of Reality, Icon Books, p. 27 (übersetzt): „Max Planck stellte seine Formel zur Schwarzkörperstrahlung, die auf quantisierter Energie beruht, am 14. Dezember 1900 in Berlin vor. Dies ohne große innere Überzeugung übrigens, er betrachtete die eingeführten Energiequanten als eine „rein formale Annahme" ohne Bezug zur realen Natur."

In den Natur- und Ingenieurwissenschaften, wie auch in der Informatik, stellt sich Information als ausgeprägte Chimäre dar. Jedenfalls dann, wenn man eine allgemeingültige Bedeutung dieses Begriffs sucht. Ihr Wesen ist ähnlich unklar geblieben wie der Begriff des Äthers, dessen Nachweis Albert Michelson und Edward Morley 1887 in einem aufsehenerregenden Experiment misslang und der seitdem auch nicht mehr zur Erklärung physikalischer Phänomene herangezogen wird. Die heutige Situation weist, was den Begriff Information angeht, eine gewisse Ähnlichkeit mit der damaligen auf. Der Begriff ist ebenso nützlich wie er unklar geblieben ist. Zudem wird er in unterschiedlichen Kontexten sehr verschieden gebraucht. In der Nachrichtentechnik anders als in der Informatik und dort wieder sehr verschieden von seinem Verständnis in der Physik und der Biologie.

Die Informationstheorie schuf erstmals eine quantifizierte und somit auch kalkulierbare Sicht auf die Information und legte damit eine gemeinsame Grundlage zum Verständnis des Begriffs. Sie bestimmt, wie viel Information in Übertragungskanälen unterschiedlicher Art transportiert werden kann. Die Turing-Maschine, ein abstraktes Modell eines universellen Computers von Alan Turing[4], gab dann später Auskunft, welche Art von Algorithmen zur Informationsmanipulation mittels eines Computers, wie wir ihn heute verstehen, berechnet bzw. ausgeführt werden können.[5] Allerdings - und das unterscheidet den heutigen Erkenntnisstand zur Information von der Anschauung, die man 1887 vom Äther entwickelt hatte - verdichten sich die Hinweise, dass Information als physikalisches Phänomen substanziell und grundlegend zum Aufbau der Welt beiträgt.

---

[4] Cooper, B., Turing's Titanic Machine? *Communications of the ACM*, 55(3).

[5] Gleick, J., 2011. The Information: A History, A Theory, A Flood. Harpercollins UK, p. 210: „Die Turing-Maschine ist prinzipiell in der Lage, alle berechenbaren Problemstellungen einer Lösung zuzuführen. Alan Turing beantwortet 1936, mit seinem - imaginären - Konstrukt eines Computers, darüber hinaus das Entscheidungsproblem..." (Übersetzung)

Die Steine im Mosaik, das einmal das Gesamtbild zur Information abgeben könnte, nehmen stetig an Zahl zu. Bei aller Vorsicht und der Möglichkeit vielfältiger Irrtümer werden die Konturen eines Bildes sichtbar. Dieses Mosaik wollen wir im Folgenden zusammensetzen und dabei sowohl Schlaglichter auf die Erkenntnisfortschritte in den aufgeführten Wissenschaftsbereichen werfen als auch auf die noch fehlenden Flächen im Mosaik hinweisen.

Die Grundlagen dieses Aufsatzes nehmen - wie bereits erwähnt - Bezug auf Entwicklungen der ersten Hälfte des 20ten Jahrhunderts. Die Erkenntnisgewinne führten zu einer lebhaft geführten Debatte um das Wesen von Wirklichkeit und Erkenntnis, die bis heute anhält und die durch aktuelle Wissensfortschritte befeuert wird. Neu ist in diesem Zusammenhang auch die vermehrt von Wissenschaftlern und Erkenntnistheoretikern geäußerte Vermutung, dass Information eine ähnlich grundlegende Eigenschaft unserer Wirklichkeit sein könnte wie die „Raumzeit“ (d. h. die seit der Relativitätstheorie nicht mehr zu trennenden Komponenten Raum und Zeit) oder die Materie.

Traditionell wird Information als „Kenntnis über bestimmte Sachverhalte und Vorgänge in einem Teil der wahrgenommenen Realität“ definiert[6]. Einstein's etwas verärgerte Haltung zu Ergebnissen der Quantenphysik[7] „Wenn ich mich vom Mond abwende, so hört er nicht auf zu existieren“ ließ aufhorchen. Er, der die Quantenphysik entscheidend mitbegründete, zeigte sich irritiert über das auf dem Zufallsprinzip basierende Realitätsverständnis von Physikerkollegen.

„Ich denke, also bin ich“ formuliert bereits Descartes und führte damit den Nachweis seiner eigenen Existenz auf seine eigene Denktätigkeit zurück - nicht etwa auf seine Körperlichkeit. Er

---

[6] Schneider, H.-J., 1986. Lexikon der Informatik und Datenverarbeitung, 2. Auflage, Oldenbourg, S. 283.

[7] Pais, A., 1979. "Einstein and the quantum theory", *Reviews of Modern Physics* 51, pp. 863-914.

sagte nicht etwa „Ich fühle meine Glieder also bin ich." Man kann auch sagen, weil er wusste, dass er mit Information denkend umging, implizierte er, dass er existierte. Dies ist auch heute noch eine mutige Schlussfolgerung.

Sowohl Einstein als auch Descartes stellten damit fest, dass Entitäten, d. h. Gegenstände einer Realität, die aktuell im Augenblick wahrgenommen werden oder im Bewusstsein vorhanden sind, zur Information gehören. Alles was wir über die Welt wissen, entnehmen wir bei uns vorhandener oder auf uns einströmender Information, die wir interpretieren und damit somit auch be- und verarbeiten.

Was aber ist Information? Sie scheint einerseits so banal, dass sie uns im Täglichen umgibt wie Luft und elektromagnetische Felder dies tun. Anderseits versichert uns erst die Information, dass die Welt - die der Dinge und der Nicht-Dinge - und darüber hinaus wir selbst, überhaupt existieren. So scheint es zumindest. Information nimmt ganz offenbar einen zentralen Platz im menschlichen Leben und bei seinen Kommunikations- und Erkenntnisprozessen ein. Information ist essentielle Voraussetzung um über Kommunikation und damit über Psychologie, Soziologie oder auch Politik überhaupt reden zu können[8]. Sie kann - und diesen Blickwinkel wollen wir einnehmen - als Quintessenz[9] der Betrachtung zum Wesen der Natur betrachtet werden.

Unser Alltagsleben verstehen wir heute als Informationsgesellschaft. Diese konnte nur so schnell durch Katalysatoren der Informationsverarbeitung entstehen. Druckerpresse, Nachrichten-

---

[8] Janich, P., 2006. *Was ist Information? - Kritik einer Legende.*, Suhrkamp.

[9] Die Quintessenz (von lateinisch quinta essentia „fünftes Seiendes", das Wesentliche, Hauptsächliche, Wichtigste) war ursprünglich der lateinische Ausdruck für das fünfte Element, das Aristoteles annahm und Äther nannte. Aus ihm sollen die vier antiken Elemente Feuer, Wasser, Erde und Luft entstanden sein. Die einzigartige Kraft dieses Elementes ist es, leblosen Gegenständen Leben einzuhauchen. (Wikipedia zu „Quintessenz (Physik)", Januar 2012)

technik und die analoge Medientechnologie sind die vielleicht wichtigsten dieser Prozessbeschleuniger. Als Schlüsselwissenschaft, in der die digitalen Ausprägungen dieser Entwicklungen konsolidiert sind, hat sich die Informatik etabliert. Gleichwohl haben schon länger geübte Disziplinen, wie z. B. die Philosophie oder Physik, Mathematik und Logik erst die Entstehung des Computers und damit der Informatik möglich gemacht. Die maschinelle Verarbeitung digitaler Information und ihre Übertragung ist der Schlüssel für die stürmische Entwicklung, die wir erleben, und die sich noch zu beschleunigen scheint.

Die struktur- und naturwissenschaftlichen Disziplinen und Fachgebiete wie die Informatik, Informationstheorie, die Kodierungstheorie sowie Bereiche der Quantenphysik aber auch die Thermodynamik und die Biologie versuchen bereits seit längerem Antworten auf die Frage nach dem Wesen der Information zu geben und Zusammenhänge neu herzustellen[10]. Aktuell lassen Entwicklungen des Internets, der Suche nach neuen (und letzten) Elementarteilchen wie z. B. mit dem Large Hadron Collider (LHC)[11] in Genf, eine intensivierte öffentliche Wahrnehmung der Quantenphysik[12] und die Diskussion der Genetik[13] das Interesse an dieser Thematik wieder steigen.[14] [15]

---

10 Lyre, H., 2002. Informationstheorie: Eine philosophisch-naturwissenschaftliche Einführung. UTB, Stuttgart.

11 Lincoln, D., 2011. Die Weltmaschine: Der LHC und der Beginn einer neuen Physik, Spektrum Akademischer Verlag, Heidelberg.

12 Zeilinger, A., et al., 2007. Der Zufall als Notwendigkeit, 1. Edition., Picus Verlag.

13 Nüsslein-Volhard, C., und Volhard, C. N., 2004. Das Werden des Lebens: Wie Gene die Entwicklung steuern, Beck.

14 Gleick, J., 2011. The Information: A History, A Theory, A Flood. Harpercollins UK.

Wir können unser Wissen und unsere Erkenntnisse nur im Zusammenhang mit der Evolution verstehen. Erkenntnistheoretisch setzen wir uns dabei mit dem Aufbau der Welt und der Zusammenhänge unter Berücksichtigung der Rolle der Information, durch eine Darstellung der aktuellen philosophischen Diskussion auseinander. Ein zentrales Element des Erkenntnisprozesses ist Emergenz. Diese ordnen wir in Abhängigkeit der zugrundeliegenden Realitätsebene, bzw. einem relevanten Ausschnitt davon, als einen Parameter der Evolution zu (Abbildung 2).

Unterschiedliche Organismen – gekennzeichnet durch unterschiedliche Informationsdichte – gehen mit Komplexität unterschiedlich um und sind unterschiedlich gut in der Lage, Emergenzprozesse auszuführen. Ein Organismus mit einer ausgeprägten Fähigkeit, Emergenzen wahrzunehmen bzw. zu schaffen, ist in der Lage, nach einer gewissen „Anlaufzeit", aus der

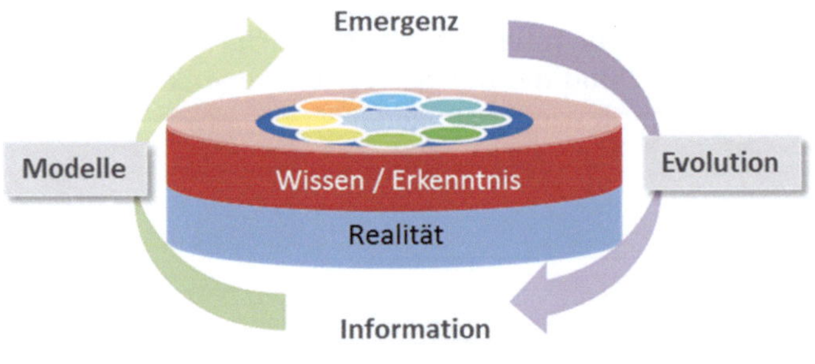

Abb. 2 *Wechselwirkung von Evolution und Modellbildung im evolutionären Erkenntnisprozess*

[15] Seife, C., 2007. Decoding the Universe: How the New Science of Information Is Explaining Everything in the Cosmos, From our Brains to Black Holes. Penguin (Non-Classics).

Wahrnehmung der Umgebung neue Emergenzschritte und damit höhere Erkenntnisebenen zu schaffen und so die Evolution mit hoher Geschwindigkeit voranzutreiben.[16] Dagegen bleibt der Konkurrenzorganismus mit geringerer Emergenz zwar in der Evolution nicht stehen, bringt sie jedoch deutlich langsamer voran.[17]

Im bisher angedeuteten Betrachtungsrahmen wird der Frage nach dem Wesen der Information im Sinne von „Was ist Information" im Lichte struktur- und naturwissenschaftlicher Erkenntnisse nachgegangen. Die Statistik und (intuitionistische) Logik geben Antworten zur Repräsentation der Information. Ohne diese Repräsentation wäre die Information für Menschen und Organismen nicht erfass- und erfahrbar.

---

[16] Beispiel: Mensch.

[17] Beispiel: Einfache Tiere / Organismen.

2. Die Information in den Naturwissenschaften

In diesem Abschnitt wird die Verwendung von Information in der Strukturwissenschaft Informationstheorie und den beiden Naturwissenschaften Physik und Biologie betrachtet. Die Schwerpunkte liegen in der Physik auf der Thermodynamik und Quantentheorie. Das Verständnis der Information ist geprägt durch den Begriff der Entropie, der sowohl in der Informationstheorie als auch in der Thermodynamik eine zentrale Rolle spielt.

2.1. Die Informationstheorie

Claude Shannon[18] veröffentlichte 1948 seinen Aufsatz, indem die Informationstheorie auf der Basis der Entropie eingeführt wurde. Die Entropie wird hier als ein Maß für den mittleren Informationsgehalt pro Zeichen einer Informationsquelle eingeführt. Hierbei wird der Informationsgehalt als diejenige Menge von Bits betrachtet, die benötigt werden, um ein Ereignis von anderen Ereignissen zu unterscheiden. Als Beispiel stelle man sich einen Behälter mit verschiedenfarbigen Kugeln vor. Die Information ist nun die Anzahl der Bits, um z.B. das Ziehen einer grünen Kugel zu repräsentieren. Oder mit anderen Worten, durch diese Bits wird diese Auswahl von dem Ziehen einer andersfarbigen Kugel unterschieden.

Shannon konzentrierte sich auf die statistischen Muster einer Nachricht. Information, so sein Bild, wird an einem geographischen Ort erzeugt und mittels eines Senders als Nachricht in Form eines Signals zu einem Empfänger an einem anderen Ort

[18] Shannon, C., 1948. A mathematical theory of information, *Bell System Technical Journal,* vol. 27, pp. 379-423 and pp. 623-656, July and October.

übertragen. Zwischen dem Sender und Empfänger kann das Signal durch „Rauschen" gestört oder verfälscht werden. Seine Überlegungen hatten handfeste praktische Ziele und Konsequenzen, erlaubten sie doch eine effizientere Ausnutzung technischer Übertragungswege durch Eliminierung von Redundanzen. Shannon sprach anfangs auch von einer mathematischen Kommunikationstheorie (Mathematical Theory of Communication (MTC) statt von einer Informationstheorie. Den Begriff Information Theory halten manche Autoren auch heute noch für missverständlich und ziehen MTC vor.[19]

Die Wahl der Bezeichnung „Entropie", die auf John von Neumann zurückgeführt wird,[20] löste eine Debatte darüber aus, inwieweit die Ähnlichkeit der Formel eine Übertragung der jeweiligen Erkenntnisse aus beiden Bereichen - der Informationstheorie und der Thermodynamik - ineinander zulässig ist. Sie dauert bis heute an. Häufig spricht man auch von Informationsentropie.[21] Shannon und Wiener waren sich nicht einig darüber, was diese neue Entropie aussagen würde. Für Shannon war Entropie ein Maß für Unsicherheit, für Wiener ein Maß für Unordnung.[22] Beide Begriffe bedeuten insofern das Gleiche, als dass beispielsweise ein ordentlicher bzw. strukturierter Text, wie ein in Deutsch verfasster Brief, vorhersagbarer in seinen jeweiligen Folgebe-

---

[19] Floridi, L., 2010. Information, Oxford University Press, p. 37.

[20] Von Neumann told me, 'You should call it entropy, for two reasons. In the first place your uncertainty function has been used in statistical mechanics under that name, so it already has a name. In the second place, and more important, nobody knows what entropy really is, so in a debate you will always have the advantage. (Floridi, L., 2010. Information, Oxford University Press.)

[21] Hägele, P. C., 2004. Was hat Entropie mit Information zu tun?, http://www.uni-ulm.de/~phaegele/Vorlesung/Grundlagen_II/ (besucht Februar 2012).

[22] Gleick, J., 2011. The Information: A History, A Theory, A Flood. Harpercollins UK, p. 42.

standteilen und Folgebriefen ist, als unordentliche bzw. unstrukturierte Texte. Eine der großen Leistungen der Informationstheorie ist neben der erstmaligen Messbarkeit von Information (Entropie) die formale Definition von Redundanz - also von Information, die eigentlich keine ist, da sie schließlich bei der Übertragung verzichtbar ist.[23] Es wurde durch Shannon auch deutlich, dass es eine fundamentale Grenze für die Menge von Information gibt, die in einem Medium (z. B. einem Kupferdraht) übertragen werden kann.[24]

Der Erkenntnistheoretiker und Philosoph Luciano Floridi stellt den grundsätzlichen Zusammenhang zwischen der Entropie in der Informationstheorie und der in der Thermodynamik her. Dies leitet er wie folgt ab:[25] Unter der Annahme eines störungsfreien Informationskanals kann Entropie gleichwertig durch die folgenden drei Messungen bestimmt werden:

a) Durch den mittleren Informationswert eines Symbols.

b) Durch den zu a) korrespondierenden Betrag des Informationsdefizits vor dem Lesen des eintreffenden Symbols.

c) Durch das zu a) und b) korrespondierende Informationspotenzial.

Im Fall c) wird Information wie die physikalischen Größen Masse und Energie behandelt. Die Brücke zwischen Information und diesen beiden Größen wird durch die Aspekte von Wahrscheinlichkeit und Zufall geschlagen. Entropie, so Floridi, werde in der klassischen Physik und in der Informationstheorie als „Vermi-

---

[23] Seife, C., 2007. Decoding the Universe: How the New Science of Information Is Explaining Everything in the Cosmos, From our Brains to Black Holes Reprint., Penguin (Non-Classics), p. 71.

[24] Seife, C., 2007. Decoding the Universe: How the New Science of Information Is Explaining Everything in the Cosmos, From our Brains to Black Holes Reprint, Penguin (Non-Classics), p. 77.

[25] Floridi, L., 2010. Information, Oxford University Press, p. 46.

schungsgrad" verstanden. Man könne sie allerdings auch als den Grad an Irreversibilität interpretieren: Sofern ein physikalischer Prozess keine Entropieänderung bewirke, sei er reversibel. Im Falle einer Symbolmenge ergibt sich eine geringe Entropie, wenn - im Falle hochstrukturierter Zeichenfolgen - eine gute Vorhersehbarkeit vorliegt und damit ein geringes Informationsdefizit. Eine hohe Entropie ergibt sich dann, wenn ein „Alphabet" einen hohen Grad an Zufälligkeit aufweist, es also ein hohes Informationsdefizit produziert und damit in der Lage ist, mehr Bits an (redundanzfreier) Information zu erzeugen. Als Schlussfolgerung ergebe sich die Gleichartigkeit der Entropie in der Thermodynamik und in der Informationstheorie, da eine hohe Entropie in der Thermodynamik keine Energiepotenziale erzeuge, hingegen aber ein hohes Energiedefizit. Ähnlich in der Informationstheorie: Eine hohe Entropie weist auf ein hohes Informationsdefizit hin.

Eine weitere Definition der Informationsmenge einer Zeichenfolge X ist unter dem Namen Kolmogorov-Komplexität bekannt (nach dem russischen Naturwissenschaftler und Philosophen Andrei Kolmogorov[26]): diese ist die Länge des kürzesten Algorithmus (in der Anzahl der Zeichen), der die Zeichenfolge X erzeugt. Entspricht die Kolmogorov-Komplexität der Länge der Zeichenfolge, dann ist die Zeichenfolge nicht komprimierbar oder zufällig. Allgemeiner ausgedrückt bedeutet dies, je „zufälliger" eine Zeichenfolge, desto mehr Information enthält sie. Auch hier gilt, dass eine hohe Komplexität der Zeichenfolge mit einem hohen Informationsdefizit und damit einer hohen Entropie gleichgesetzt werden kann.

Die für Nachrichtentechniker praktischen Erkenntnisse der Informationstheorie haben somit aufgrund der erwähnten Parallele zur Thermodynamik weit fundamentalere Auswirkungen in wissenschaftlicher Hinsicht als zunächst ersichtlich. Für viele Physiker unerwartet, ließ sich das Verhalten von Materie nun als

[26] Siehe auch Abschnitt 3.3.

Betrachtungsgegenstand der Informationstheorie behandeln. Der Wissenschaftsjournalist Charles Seife geht in seinem Buch zur Information[27] so weit, die Physik der Thermodynamik als Spezialfall der Informationstheorie einzuordnen.[28] Eine Position, die in der Naturwissenschaft heute recht häufig eingenommen wird.[29] Damit wird Information zu einer grundlegenderen Eigenschaft allen Seins und das Bit zum (neuen) unteilbaren Partikel[30]. Der Physiker John Archibald Wheeler postulierte bereits 1989 dass jedes „Es", also jeder Partikel, jedes Kraftfeld und sogar das Raum-Zeit-Kontinuum seine jeweilige Bedeutung und seine Existenz an sich aus Bits ableitet[31]. Bits würden also eine Rolle einnehmen, die der Materie und den Feldwirkungen bisher vorbehalten war. Diese Sicht der Dinge entspringt einer Denkhaltung in der Physik, die sich inzwischen fest etabliert hat. Damit liegt es nahe, im folgenden Abschnitt den Weg der Thermodynamik über

---

[27] Seife, C. 2007. Decoding the Universe: How the New Science of Information Is Explaining Everything in the Cosmos, From our Brains to Black Holes. Penguin (Non-Classics).

[28] Seife, C., 2007. Decoding the Universe: How the New Science of Information Is Explaining Everything in the Cosmos, From our Brains to Black Holes Reprint., Penguin (Non-Classics), p. 87: "The laws of information had already solved the paradoxes of thermodynamics; in fact, information theory consumed thermodynamics. The problems in thermodynamics can be solved by recognizing that thermodynamics is, in truth, a special case of information theory. Now that we see that information is physical, by studying the laws of information we can figure out the laws of the universe. And just as all matter and energy is subject to the laws of thermodynamics, all matter and energy is subject to the laws of information. Including us."

[29] Gilder, L., 2008. The Age of Entanglement: When Quantum Physics was Reborn, New York, Alfred A. Knopf, p. 335.

[30] Gleick, J., 2011. The Information: A History, A Theory, A Flood. Harpercollins UK, p. 357.

[31] Gleick, J., 2011. The Information: A History, A Theory, A Flood. Harpercollins UK, p. 356.

die vergangenen 150 Jahre unter diesen Gesichtspunkt zu behandeln.

2.2. Information in der Physik

Für das Verständnis der Thermodynamik und der Quantentheorie wird dem Begriff der Information eine hohe Bedeutung beigemessen. In der Thermodynamik wird die Information auf den Begriff der Entropie und damit einem Maß für Ordnung abgebildet. Dagegen dient in der Quantentheorie die Information dem Verständnis des „Mikrokosmos", der sich u. a. durch seine probabilistischen Eigenschaften unserer Vorstellung entzieht. Die Verwendung der Information wird in beiden Disziplinen gerne durch zwei Metaphern motiviert und veranschaulichend diskutiert: der Maxwellsche Dämon für die Thermodynamik und Schrödinger's Katze für die Quantentheorie.

2.2.1. Thermodynamik

„Unordnung entsteht wie von selbst, Ordnung nur durch Arbeit". Diese Alltagswahrheit bildet den Ausgangspunkt des ersten Hauptsatzes der Thermodynamik. Zwei, einmal vermischte Gase oder Flüssigkeiten, entmischen sich nicht, sofern beide ähnliche Eigenschaften haben und nicht aktiv deren Trennung forciert wird. Auch wenn nicht andere Gründe, wie dafür notwenige Energiezufuhr, dagegen sprächen, so bieten sich doch den vielen Billionen Gasmolekülen (ein Liter Gas; d. h. ein „mol" entspricht je nach Typ einer Molekülzahl von 3 x 10 hoch 22 Molekülen) eine so hohe Zahl von alternativen Anordnungsmöglichkeiten, dass sechs Richtige im Lotto dagegen als sicher erscheinen.[32]

---

[32] Arthur Eddington verwandte die folgende Metapher: "He who believes this may as well believe that if a great quantity of the one-and-twenty letters, composed either of gold or any other matter, were

Was also müsste geschehen, um einen geordneten Zustand zweier getrennter Gase herzustellen? James Maxwell[33] stellte sich diese Frage um 1871 und schlug als Denkmodell einen kleinen Dämon vor, der einen Verschluss zum Durchlass von Atomen bzw. Molekülen, die sich in zwei Kammern eines Behälters befinden, bedienen würde. Der Verschluss würde ohne Arbeit zu verrichten funktionieren. Der Dämon würde beispielsweise langsamere - energieärmere - Gasmoleküle von schnelleren - energiereicheren - unterscheiden können und bei Annäherung eines Moleküls wahlweise den Verschluss öffnen oder geschlossen halten. Eine Behälterseite würde nach einer hinreichend langen Zeit die langsameren Moleküle enthalten, die andere die schnelleren. Damit wäre die eine Seite die wärmere und die andere Seite wäre kühler. Die Entropie des Gesamtbehälters wäre reduziert. Die Temperaturdifferenz könnte man nun nutzen, um eine Maschine anzutreiben. Ein Perpetuum Mobile wäre erschaffen. Und der zweite Hauptsatz der Thermodynamik, nach dem in einem geschlossenen System die Entropie nie ansteigt, wäre verletzt. Wichtig ist hier, dass der Dämon die Zufallsbewegungen der Moleküle genutzt hat, die Gasmoleküle hätten sich dadurch im Endeffekt selbst getrennt. Es zeigte sich jedoch, dass selbst unter der erleichternden Annahme dieses recht bedürfnislosen Maxwell-Dämons, kein Perpetuum Mobile zu bauen ist. Denn der Dämon braucht Information, um seine Wahl zwischen wärmeren und kälteren Molekülen zu treffen. Und diese ist nicht umsonst zu haben.

---

thrown upon the ground, they would fall into such order as legibly to form the Annals of Ennius." (en.wikipedia.org/wiki/Infinite_monkey_theorem, Januar 2012).

[33] Maxwell, J. C., 1871. Theory of Heat. Dover Publications, UK.

Der Preis für die Information, den der Dämon zu zahlen hatte, wurde 1929 von Leó Szilárd[34] näher bestimmt – obwohl er nicht den Begriff Information, sondern den der Entropie verwendete.

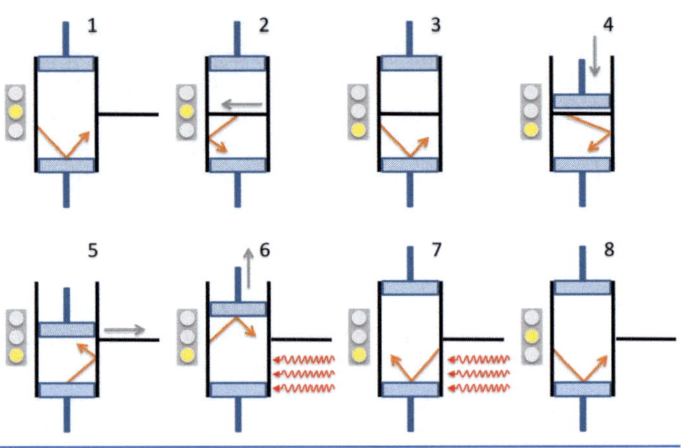

Abb. 3 *Szilárds Modifikation von Maxwells Dämon*

Er sah davon ab, dem Dämon die Aufgabe des Öffnens und Schließens des Verschlusses zu übertragen. Szilárds Modell war das einer Maschine, die in der Lage sein sollte, ein einzelnes Molekül nicht nur zu detektieren und die so gewonnene Information zu speichern, sondern auch die (Bewegungs-)Energie des Moleküls in Arbeit zu verwandeln (vgl. Abbildung 3). Die beiden Kammern seines Modells waren so gedacht, dass sie sich trennen und vereinigen ließen. Jede der Kammern sollte mit einem Kolben versehen sein, der sich beim Auftreffen eines Moleküls be-

[34] Szilard, L., 1929. Über die Entropieverminderung in einem thermodynamischen System bei Eingriffen intelligenter Wesen. *Z. Physik*, 53, 840–856; nach H. D. Zeh: Basic Concepts and their Interpretation (http://www.zeh-hd.de).

wegen, also Arbeit verrichten sollte. Im System sollte sich ein Gas, bestehend aus einem Molekül, befinden (1). Zu Beginn eines Experimentdurchlaufs sollten die Kammern getrennt sein und das Molekül sollte sich in genau eine der Kammern befinden (2). Eine Ampel bzw. ein Register soll anzeigen, in welcher Kammer des Kolbens sich das Molekül befindet (3). Der Kolben der leeren Kammer wird dann zur Trennvorrichtung verschoben und diese anschließend entfernt (4,5). Das danach erfolgende Auftreffen des Moleküls auf den nunmehr erreichbaren Kolben verschiebt diesen - unter Verrichtung von Arbeit - nach oben. Dieser - als isotherm (die Gesamtenergie des Gases bleibt konstant) angenommene - Vorgang ist mit einer Abnahme von Entropie des Gases verbunden (6). Die beim Auftreffen verlorengehende (Bewegungs-)energie wird dann durch zugeführte (Wärme-)energie ersetzt. Diese beschleunigt das Molekül wieder (6,7). Ist der Kolben schließlich in seine Originalposition zurückgekehrt, könnte - so scheint es - ein neuer Zyklus beginnen, der Wärme vollständig in Arbeit umsetzt (8). Wäre es so, wäre auch der zweite Hauptsatz der Thermodynamik, der die Abnahme von Entropie in geschlossenen Systemen verbietet, verletzt.

Jede Messung mit dem Resultat „Molekül ist langsam/schnell" oder „Molekül ist an Position x", so Szilárds Annahme, bringt einen Zuwachs an Entropie und läuft damit der oben geschilderten Reduktion von Entropie zuwider. Wie sich später zeigte, irrte Szilárd insofern, als dass nicht die Messung und das Registrieren den Entropiezuwachs bewirkten, sondern das Zurücksetzen der Ampel bzw. das Löschen des Registers. Trotz dieses Irrtums war dennoch der Schritt zur Einbeziehung der Information in die Physik getan, denn diese - als Messresultat - musste mit dem Entropiezuwachs unmittelbar zusammenhängen. Worin der Zusammenhang besteht blieb zunächst ungeklärt, aber die Information war wenige Jahre vor der Schaffung der Informationstheorie bereits in einen Zusammenhang mit der Entropie gerückt.

Gerettet wird die Situation durch eine nähere Betrachtung des Registers im Modell Szilárds. Dieses enthält am Schluss des oben skizzierten Experimentdurchlaufs noch die gewonnene Information aus dem Messvorgang. Löscht man diese, kann das Register (die angedeutete Ampel) zurückgesetzt werden und ein neuer Zyklus beginnen.[35] [36] Erst mit dem Löschen ist der Zyklus vollständig durchlaufen. Dabei wird Energie verbraucht (und Wärme erzeugt) und die Entropie steigt um den Betrag, um den sie vorher durch die Messung und dem Registereintrag reduziert wurde.

Erst Rolf Landauer[37] und Charles Bennett versetzten mit dieser Erkenntnis dem Dämon den „Todesstoß". Landauer, der bereits 1961 davon überzeugt war, dass Information einen physisch fassbaren Charakter aufweisen müsste, versuchte den Energiebedarf bei der Bearbeitung von Information zu ermitteln. Es gelang ihm zunächst nicht, weil er feststellte, dass viele logische Operationen überhaupt keinen Entropiezuwachs verursachen.[38] So z. B. wenn ein Bit bei der Negation von „0" zu „1" wechselt und umgekehrt. Dieser Prozess ist umkehrbar und die Entropie nimmt nicht zu. Nur irreversible Operationen, so Landauer, würden Entropiezuwachs verursachen. Irreversible Operationen haben die Eigenschaft, dass Information gelöscht wird und hierbei Wärme, also Energie, freigesetzt wird bzw. werden muss.

[35] Scully, R .J., and Scully, M. O., 2007. The Demon and the Quantum: From the Pythagorean Mystics to Maxwell's Demon and Quantum Mystery, 1st ed., Wiley-VCH Verlag GmbH & Co. KGaA., p. 71.

[36] One of the most famous responses to this question was suggested in 1929 by Leó Szilárd, and later by Léon Brillouin. Szilárd pointed out that a real-life Maxwell's demon would need to have some means of measuring molecular speed, and that the act of acquiring information would require an expenditure of energy. Since the demon and the gas are interacting, we must consider the total entropy of the gas and the demon combined. The expenditure of energy by the demon will cause an increase in the entropy of the demon, which will be larger than the lowering of the entropy of the gas.

[37] Landauer, R., 1996. The physical nature of information, *Physics Letters A*, 217(4-5), pp. 188-193.

[38] Lyre, H., 2002. Informationstheorie. Eine philosophisch-naturwissenschaftliche Einführung, UTB, Stuttgart.

Dieses, nach Landauer benannte Prinzip - und damit die Verbindung zwischen Information und Thermodynamik - wurde kürzlich auch experimentell bestätigt[39].

Die Untersuchungen Charles Bennetts[40] zeigten dann, dass ein Messprozess, als logisch reversibler Prozess repräsentiert werden kann. Damit wird die Erzeugung von Wärme vermieden. Nicht die Messung, sondern das Löschen der Messresultate als nichtreversibler Prozess erzeugt demnach Wärme und sorgt für den Anstieg der Entropie. Seine weiteren Untersuchungen zu reversiblen und irreversiblen Computern führten auch zu grundlegenden Erkenntnissen über die Leistungsaufnahme und Energieabgabe von Rechenmaschinen, die mit irreversiblen Algorithmen arbeiten.[41] In diesem Zusammenhang konnte er zeigen, dass Algorithmen im Prinzip reversibel konstruiert werden können, also fähig sein können, rückwärts abzulaufen. Vorausgesetzt die zugrundeliegende Architektur der Computer ist darauf vorbereitet. In diesem Fall so - im Gegensatz zu einer Annahme Landauers - „werden alle ursprünglichen Schritte rückgängig gemacht, und das Programm verschluckt alle Reste, die in den Speicherzellen noch verblieben sind. Es kehrt zum Ausgangszustand zurück ohne dass irgendetwas gelöscht worden wäre.“[42] [43] Da alle heute verwendeten Computer jedoch endlich und irre-

---

[39] Bérut, A. et al., 2012. Experimental verification of Landauer's principle linking information and thermodynamics. *Nature*, 483(7388), pp.187-189.

[40] Bennett, C. H., 1987. Demons, Engines and the Second Law, *Scientific American*, 257(5), pp. 108-116.

[41] Bennett, C. H., 1982. The Thermodynamics of Computation - a Review, *International Journal of Theoretical Physics*, 21(12), pp. 905-940.

[42] Bennett, C. H., 2003. Notes on Landauer's principle, reversible computation, and Maxwell's Demon. *Studies in History and Philosophy of Modern Physics*, 34(3), pp. 501-510.

[43] von Baeyer, H. C., 2005. Das informative Universum: Das neue Weltbild der Physik. Beck Verlag, Deutschland, S. 184.

versibel arbeiten, gehorchen sie dem zweiten Hauptsatz und erzeugen eine Verlustleistung deren theoretische Untergrenze durch die Löscharbeit gegeben ist, die Landauer vorgegeben hat.[44]

Charles Bennett[45] zeigte, dass Dissipation, also die Umwandlung[46] von Energieformen ineinander, grundsätzlich nicht ohne die Löschung von Information vor sich geht. Anders gesagt, das Löschen von Information ist die Operation, die Dissipation erzeugt und damit Energie bzw. Wärme.[47] Der Dämon führt beim Schreiben in einen Speicher zwangsläufig einen Löschvorgang durch (selbst wenn unbeschriebener Speicher zur Verfügung stünde, wäre dieser endlich und der Löschvorgang damit irgendwann unausweichlich). Die Kosten, die der Dämon zu zahlen hätte, wären Speicherkosten und mit ihnen geht die Erhöhung von Entropie einher. Erst am logischen Schluss des Gedankenexperiments mit dem Maxwell-Dämon wird also durch das Löschen des Speichers die Arbeit erbracht, die ihm endgültig seine Existenz nimmt. Informationen ineinander zu überführen ist unkritisch, sie zu löschen, kostet etwas in dem Sinne, dass diese Operation exotherm ist.

Unter der Voraussetzung jedoch, dass der Dämon unbegrenzt viel Speicher zur Verfügung hätte, ergäbe sich keine Notwendig-

---

[44] Plenio, M., and Vitelli, V., 2001. The physics of forgetting : Landauer's erasure principle and and information theory. *Contemporary Physics*, 42(1), pp. 25-60.

[45] Siehe Fußnote 40.

[46] In der Thermodynamik werden die Arbeiten, die auf Grund von Reibungs-, Drosselungs- oder Stoßvorgängen in thermische Energie (innere Energie) umgewandelt werden, als Dissipationsarbeiten bezeichnet. Es handelt sich dabei um irreversible Vorgänge, bei denen die Entropie zunimmt.

[47] Seife, C., 2007. Decoding the Universe: How the New Science of Information Is Explaining Everything in the Cosmos, From our Brains to Black Holes Reprint., Penguin (Non-Classics), p. 81.

keit zum Löschen von Informationen. Mithin würden keine irreversiblen Prozesse ablaufen und die Rechnung für den Energieverbrauch beim Speichern von Informationen wäre auch vom Dämon nicht zu begleichen.[48] Dem Dämon ginge es wieder gut.

Die Auseinandersetzung mit dem Dämon zeigt, dass die zusammenhängende Betrachtung von Information, Entropie und Energie zur Auflösung des Widerspruchs „Perpetuum Mobile" führt, bzw. dem Erhalt des zweiten Hauptsatzes der Thermodynamik. Darüber hinaus wird deutlich, dass Landauers Vermutung, dass Information mehr als ein abstraktes "Etwas" sein müsse, ein wichtiger Impuls ist. Sie kann vielmehr als ein eigenständiger und grundlegender Teil der physischen Welt verstanden werden,[49] wenngleich sie an eine physikalische Repräsentation (Signal, Buchstaben, Steintafeln etc.) gebunden ist. Unterstützt wird diese Vermutung u. a. auch durch die oben angeführte Argumentation zur Gleichartigkeit von Entropie in der Informationstheorie und Thermodynamik.

2.2.2. Quantenphysik

An dieser Stelle kommt ein weiteres Gedankenexperiment ins Spiel, dass mindestens so viel Fantasie geweckt und Verwirrung gestiftet hat, wie der von Maxwell ins Leben gerufene Dämon. Auch hier übernimmt ein gedachtes Wesen die Rolle, einen komplexen Sachverhalt zu illustrieren. Es handelt sich um die berühmte Katze von Erwin Schrödinger. Der Nobelpreisträger Schrödinger wollte mit diesem Gedankenexperiment die Schwierigkeit illustrieren, die Grenze zwischen klassischer Physik und

---

[48] Floridi, L., 2010. Information, Oxford University Press, p. 66.

[49] Landauer, R., 1996. The physical nature of information. *Physics Letters A*, 217(4-5): "Information is not a disembodied abstract entity; it is always *tied* to a physical representation. It is represented by an engraving on a stone tablet, a spin, a charge, a hole in a punched card, a mark on paper, or some other equivalent."

Quantenphysik zu ziehen. Schrödinger war der Entdecker der Verschränkung, eines der rätselhaftesten Phänomene in der Quantenphysik überhaupt. Die Verschränkung bildet den Kern der Quantenphysik und ist dabei leider so wenig anschaulich, dass Richard Feynman, trotz seiner eigenen wesentlichen Beiträge zur Quantenphysik, sich sicher war, niemand würde sie (anschaulich) verstehen. Dies sagte er immerhin einige Jahrzehnte nachdem Schrödinger sein Gedankenexperiment vorstellte.

Ein verschränkter Quantenzustand zwischen mehreren physikalischen Systemen liegt – nach Schrödingers Auffassung grob gesprochen - dann vor, wenn eine Eigenschaft über alle diese Systeme verteilt ist.[50] Verschränkungen entstehen beispielweise bei Zerfallsprozessen wie dem Zerfall eines Moleküls in zwei Atome mit entsprechenden Kernspins.

Um die Bedeutung dieses Gedankenexperiments für die Erkenntnistheorie der Quantenphysik und damit auch die Auswirkungen auf den Informationsbegriff erfassen zu können, müssen wir an dieser Stelle etwas ausholen.

Zunächst wollen wir uns mit dem Wesen der Elementarteilchen – die dem Wortsinne nach letztlich keine sind – auseinandersetzen, um dann zu begründen, dass dazu die rätselhafte Eigenschaft der Superposition ebenso gehört wie die der Verschränkung (die Erweiterung der Superposition auf räumlich separierte Teilchen[51]). Die Quantenphysik bietet eine Sicht auf Elementarteilchen, die nicht nur völlig anders ist, als die von den aneinanderhaftenden und umeinander kreisenden Kügelchen, die wir als Miniaturplaneten aus dem Schulunterricht in Erinnerung haben. Zudem sträubt sich unsere Vorstellung wohl noch stärker gegen

---

[50] Alber, G., und Walther, T., 2004. Quanteninformationsverarbeitung – Prüfstein für IT-Sicherheit. *Thema Forschung, TU Darmstadt*, (1), pp.44-51.

[51] Gleick, J., 2011. The Information: A History, A Theory, A Flood. Harpercollins UK, p. 365

die Erklärungsmodelle dieses Zweiges der Physik, als sie es beispielsweise gegen die Relativitätstheorie Einsteins tat.

Dies liegt sicher auch maßgeblich daran, dass ein ganz neues Verständnis von Realität gefordert ist. Das Verständnis von Realität ist spätestens seit dem berühmten EPR-Papier von Albert Einstein, Boris Podolsky und Nathan Rosen[52] Gegenstand heftiger Diskussionen. Erkenntnistheoretisch kann der Beginn einer Spaltung der Weltsicht jedoch bereits im Jahr 1924 verortet werden. Satyendra Bose und Louis de Broglie wandten sich damals mit recht gegensätzlichen Thesen an Albert Einstein.[53] De Broglie postulierte den Wellencharakter der Photonen, für die Einstein das Teilchenhafte postuliert hatte, und Bose das Reale, das Teilchenhafte also, derselben Photonen. Beide behielten recht.

- De Broglies These führte zum Welle-Teilchen-Dualismus, der auf jede Materie anzuwenden sei. Er konnte damit die Beziehung zwischen der Bahnstabilität und dem Bahnumfang der Elektronen im Bohrschen Atommodell zeigen. Erkenntnistheoretisch kam jedoch eine Janusköpfigkeit hinsichtlich der Auffassung, was Materie ist, in die Welt.

- Bose hingegen ging von der realen Existenz der Lichtquanten, wie Einstein sie postulierte, aus. Dies führte ihn allerdings zur vollständigen Ununterscheidbarkeit der Lichtquanten (spezifischer Bosonen) und damit zu erstaunlichen Resultaten von Lichtquanten in nichtverschränkten, definierten Zuständen. Man hatte es hier

---

[52] Einstein, A., Podolsky, B., Rosen, N., 1935. Can Quantum-Mechanical Description of Physical Reality be Considered Complete?, *Physical Review*, 47: 777–780.

[53] Gilder, L., 2008. The Age of Entanglement: When Quantum Physics was Reborn, New York, Alfred A. Knopf, p. 65.

plötzlich mit einer völlig neuen Form der Materie[54] zu tun. Dann nämlich, in einem Bose-Einstein-Kondensat, bewegen sich die Quanten in perfekter und für das Auge sichtbarer Harmonie, was wiederum die Grundlage für das Laserlicht legte.

Louis de Broglie[55] erklärte also, dass ein Elektron – und damit Materie an sich – auch Welleneigenschaften besitzt. Hiermit postulierte er, dass den Teilchen Frequenz und Wellenlänge zugeordnet werden könne. Die Hypothese, dass Masseteilchen zur Herstellung von Interferenzmustern ebenso wie Wasserwellen nicht nur fähig sein sollten, sondern sie auch ganzheitlich als Wellen verstanden werden konnten, war so kühn wie wegweisend. Die Wellenbeschreibung der Quantenphysik bezieht sich – im Unterschied zur klassischen Wellenlehre – nicht auf real messbare Eigenschaften eines Teilchens, sondern auf die Wahrscheinlichkeit ein Teilchen an einem bestimmten Ort zu finden. Werner Heisenbergs Unschärferelation[56] zufolge kann dieser Ort nie präzise angegeben werden. Durch Überlagerung vieler Wellenfunktionen kann lediglich die Verteilung von Aufenthaltswahrscheinlichkeiten in einem gegebenen Raum angegeben werden. Ein Teilchen kann jetzt hier und sofort danach am Ende des Universums sein, wir können lediglich mit Wahrscheinlichkeiten argumentieren.

Die zugehörige deterministische Handlung die ein notwendiger Teil der Beobachtung ist, führt als „Dekohärenz" zu einem gemessenen Ort des Teilchens. Oder von einer anderen Perspektive

---

[54] Alber, G. und Walther, T., 2004. Quanteninformationsverarbeitung – Prüfstein für IT-Sicherheit. *Thema Forschung, TU Darmstadt*, (1), pp.44-51.

[55] de Broglie, L., 1925. Recherches sur la théorie des quanta, *Annales de Physique*, Zehnte Serie, Band III, S. 22-128, deutsche Übersetzung, Akademische Verlagsgesellschaft, Leipzig 1927.

[56] Heisenberg, W., 1927. Über die Grundprinzipien der „Quantenmechanik". Berlin 1927 in: *Forschungen und Fortschritte* 3(11), S. 83.

betrachtet: Der Versuch, den jeweiligen Zustand eines Quantensystems zu erheben, ist nicht ohne eine wie auch immer geartete Messung möglich. Bei der Messung erfolgt eine Überführung in den klassisch-deterministischen Bereich.

Was in der klassischen Physik jedoch i. d. R. ohne signifikante Störung des zu messenden Objekts bzw. des zu messenden Systems abgeht, führt in der Quantenphysik zu schweren Verwicklungen. Hier - wie überhaupt- setzt die Unschärferelation prinzipielle Grenzen der erreichbaren Genauigkeit von Messungen. Am schwersten wiegt jedoch die Tatsache, dass sich das zu messende Objekt und die Messkonfiguration (Messgerät plus Experimentator) in einem „verschränkten" Zustand befinden, solange die Messung nicht ausgeführt ist.[57]

Damit kommen wir zu einem grundlegenden Prinzip der Quantenphysik, die Superposition. Abstrakt formuliert postuliert die Superposition die Möglichkeit für ein physikalisches System, sich in einen unbestimmten Zustand aufzuhalten, sofern überhaupt die Alternative zwischen mindestens zwei Zuständen besteht. Dies unter der Annahme, dass eine Messung zu deren Bestimmung erfolgt. Hat man mindestens zwei Quantenobjekte[58] (nicht notwendigerweise Elementarteilchen sondern auch Moleküle), die aus einem Zerfall eines vormals anderen Teilchens entstanden sind – ein heute relativ einfach herzustellender Vorgang – dann bleiben diese beiden oder mehr Teilchen in einem gemeinsamen „verschränkten" Zustand verbunden – selbst wenn sie auseinanderdriften und Lichtjahre voneinander entfernt sind. Obwohl der - zufällig gemessene - des einen Teilchens instantan

---

[57] The act of measuring a quantum object - such as an atom in a delicate state of superposition - destroys the original as you transfer its information to another medium. zitiert aus: Teaching Qubits New Tricks in Science, 2005 Band 309 S. 238

[58] Hörhammer, C., 2005. Dekohärenz – Der Übergang vom quantenmechanischen zum klassischen Bereich. http://jptp.uni-bayreuth.de/seminare/philoqt/talk_decoherence.pdf (besucht Februar 2012).

den Zustand des entfernten, anderen Teilchens bestimmt, ist dennoch keine instantane Informationsübertragung möglich. Die maximale Geschwindigkeit bleibt, wie von der Relativitätstheorie gefordert, limitiert. Diese Verschränkung – der Begriff wurde von Erwin Schrödinger 1935 geprägt[59] – wird erst durch eine Messung, d. h. Beeinflussung und dadurch mögliche Bestimmung (Festlegung) von Eigenschaften des Teilchens, aufgehoben. Der damit verbundene Vorgang wird als Dekohärenz bezeichnet.

Dass Teilchen ein nichtlokales Verhalten zeigen sollten, erschien so seltsam, dass Einstein sich sträubte, dies widerspruchslos hinzunehmen. Schließlich stand auch die Wahrnehmung der Realität durch die Physik auf dem Spiel: Sollte es keine voneinander getrennten Körper mehr geben? Zusammen mit seinen beiden Ko-Autoren Boris Podolsky und Nathan Rosen formulierte er seine Ablehnung im oben bereits erwähnten EPR-Papier[60]. Die Autoren argumentieren, wenn Verschränkung existieren würde, dann wäre auch die quantenphysikalische Beschreibung der physischen Realität unvollständig. Man muss hier die Definition des Elements der Realität beachten, wie die Autoren sie definiert haben. „Kann man den Wert einer physikalischen Größe mit Sicherheit (das heißt mit der Wahrscheinlichkeit 1) vorhersagen, ohne ein System dabei in irgendeiner Weise zu stören, dann gibt es ein Element der physikalischen Wirklichkeit, das dieser physikalischen Größe entspricht." Anzumerken ist in diesem Zusammenhang, dass die Separierbarkeit von Körpern in der physikalischen Betrachtung der Welt bis dato nie in Frage gestellt wurde.[61] Nun sollte die Welt aber gegen jede anschauli-

---

[59] Schrödinger, E., 1926. Quantisierung als Eigenwertproblem. In: Annalen der Physik. Band 79, S. 361, 489, 734, und Band 81, S. 109.

[60] Einstein, A., Podolsky, B., Rosen, N., 1935. Can Quantum-Mechanical Description of Physical Reality be Considered Complete?, *Physical Review*, 47: 777–780.

[61] Die Separierbarkeit von Dingen bildet die Grundlage für den Determinismus, der das Weltbild bis zum Beginn des 20. Jahrhunderts prägte. Unter Kenntnis von Kräften. So konnte Laplace 1825 einen Dämon pos-

che Vernunft über nicht erklärbare Vorgänge so zusammenhängen, dass sich Erfahrung, Anschauung und fundamentale Grundlagen der Weltsicht dagegen sträubten. Würde man eine Messung an einem Objekt A durchführen, würde dies Aussagen zu einem räumlich separierten - und u.U. sehr weit entfernten - Objekt B erlauben, die vor der Messung nicht möglich gewesen wären.

Die Ungleichung von John Bell[62] zeigte 1964 schließlich, dass die Quantenphysik nicht durch Hinzunahme von (noch) verborgenen Variablen zu einer Theorie mutieren kann, die gleichzeitig den Kriterien „lokal" und „real" genügt - wie Einstein es behauptete:

- Eine physikalische Theorie ist real, wenn jede Messung nur eine Eigenschaft abliest, die auch ohne Messung vorliegt, wenn also der Wert jeder denkbaren Messung feststeht, selbst wenn wir ihn wegen ungenügender Kenntnis verborgener Parameter nicht vorher wissen.

- Eine physikalische Theorie ist lokal, wenn sich bei zwei räumlich weit getrennten Teilchen die Wahl dessen, was beim einen Teilchen gemessen wird, nicht augenblicklich auf das andere Teilchen auswirkt.[63]

---

tulieren, der unter Kenntnis von Dingen, ihren Positionen und Kräften die auf sie wirken, mit einer Formel den künftigen Ablauf der Welt berechnen kann. Laplace zitiert in: Paul Davies, "Universe from Bit", in: P. Davies, N. Gregersen, "Information and the Nature of Reality", Cambridge University Press, 2010, p. 74 (Übersetzung der Autoren).

62 Bell, J., 2004. Speakable and Unspeakable in Quantum Mechanics: Collected Papers on Quantum Philosophy, 2nd ed., Cambridge University Press.

63 Wikipedia „Bellsche Ungleichung", besucht März 2012.

Mit anderen Worten. Bells Ungleichung unterliegt statistischen Korrelationen im Rahmen einer lokalen, klassischen Theorie, die durch die Quantentheorie verletzt werden können[64]. Die Gültigkeit der Bellschen Ungleichungen ist experimentell vielfach nachgewiesen. Aus Einsteins Sicht ist die Quantenphysik damit „unvollständig" geblieben. Aus einer anderen Perspektive betrachtet führt die Unvollständigkeit dazu, dass immer, auch bei Vorliegen maximaler Information ein statistischer Rest Unsicherheit über ein Quantensystem bleibt.

Quantenphysikalische, verschränkte Objekte und Systeme werden durch die Schrödinger Gleichung beschrieben - anschaulich zu verstehen sind sie jedoch nicht. Nach gängiger Modellvorstellung bleiben sie verschränkt, bis schließlich eine Messung erfolgt und die Verschränkung des Systems aufhebt. Bis zu diesem Zeitpunkt lassen sich nur Wahrscheinlichkeitsaussagen zu dem System treffen; präziser: das System befindet sich in Superposition und ist deshalb prinzipiell durch mehr oder weniger wahrscheinliche Zustände gekennzeichnet. Ein Elektron ist also nicht zu einem bestimmten Zeitpunkt an einem bestimmten Ort, sondern simultan überall, jedoch mit unterschiedlichen Wahrscheinlichkeiten hinsichtlich Ort und Geschwindigkeit. Es handelt sich hier um einen realen, unbestimmten - gewissermaßen verschmierten -Gesamtzustand. Erst die Messung überführt diesen - im Rahmen der Unbestimmtheitsrelation - zu einem konkreten, klassischen Zustand. An dieser Stelle gerät die Grenze zwischen Quantenwelt und klassischer Welt, d. h. zwischen Quantenphysik und klassischer Physik, in Sichtweite.[65]

---

[64] Alber, G., und Walther, T., 2004. Quanteninformationsverarbeitung – Prüfstein für IT-Sicherheit. *Thema Forschung, TU Darmstadt*, (1), pp. 44-51.

[65] Wolfgang Kundt zeigt in seiner Arbeit, dass diese Grenze geringer als gemeinhin angenommen ist: Kundt, W., 2007. Fundamental Physics, in *Foundations of Physics*, Vol. 37, No. 9, pp. 1317 – 1369.

Mit dem Vorgang der Messung bzw. mit der Vorstellung, dazu, was Messen in der Quantenphysik bedeutet, wird eine neue Frage aufgeworfen, die uns aber glücklicherweise der Frage, was denn Information sein könnte, ein Stück näher bringt. So jedenfalls eine Argumentationskette, die in jüngerer Zeit Anhänger gewinnt - womit auch schon gesagt ist, dass es auch andere Deutungen gibt.

Der Erkenntnistheoretiker Holger Lyre[66] beschreibt einen Messprozess und das sich ergebende Messproblem wie folgt: „Vereinfacht besteht ein Messprozess aus drei Schritten: Erstens sind Messobjekt und Messgerät miteinander zu koppeln. Dabei tritt eine Wechselwirkung auf. Nach der Messwechselwirkung erfolgt zweitens eine Trennung von Messgerät und Messobjekt. Der dritte und letzte Schritt besteht darin, dass das Messgerät sich nun in einem Zustand befindet, in dem es den gemessenen Objektzustand irreversibel registriert (und entsprechend anzeigt). Genau dieser letzte Schritt ist es, der sich im Rahmen der Quantenmechanik nicht erfassen lässt“. Dazu wäre die Überführung des Gesamtsystems aus Messobjekt und Messgerät in ein sogenanntes Zustandsgemisch nötig, d. h. in einen definierten Zustand, in dem sich das System „lediglich der (unvollständigen) Beobachterkenntnis entzieht“. Dies ist jedoch nicht möglich. Vielmehr ergibt die Theorie eine Art von Zustandsgemischen, die zu irreversiblen Messergebnissen im Widerspruch stehen - und damit auch zur Erfahrung, die sagt, dass „diese Ergebnisse offenkundig allerorten vorkommen!“[67]

Bei der Auflösung dieses konzeptionellen Problems spielt die Dekohärenz eine zentrale - jedoch nicht die einzige - Rolle. Dabei wird angenommen, dass die Kopplung des Systems an die Umgebung und die dadurch vorgenommene Vielzahl der „Messungen“ bzw. Interaktionen „die typisch quantenmechanischen Korrelati-

---

[66] Lyre, H., 2003. Ein Einblick in die Philosophie der Physik, Philosophisches Seminar (LFB 1), Universität Bonn, Bonn, Germany.

[67] Siehe Fußnote 66.

onen zwischen Messgerät und Messobjekt praktisch zum Verschwinden gebracht werden können."[68] Dadurch wird dann eines der möglichen Messergebnisse erzeugt, dass dann für die Praxis die gewünschte Irreversibilität aufweist. Das Messproblem besteht im Kern als Interpretationsproblem weiterhin.

Letztlich kann zu einem Quantensystem keine vollständige Information gewonnen werden. Nicht durch noch so viele und präzise Messungen. Es lässt sich immer nur „maximal Information" erzeugen - diese ist jedoch notwendigerweise unvollständig. Christopher Fuchs[69] schließt daraus und der Tatsache, dass Quantenzustände von Raum-Zeit Aspekten entkoppelt sind, dass Quantenzustände Information *sind*. Er spricht daher von Quanten-Information und geht soweit, den größten Teil der Quantentheorie als Informationstheorie zu deklarieren.[70]

Der Physiker John Wheeler merkte folgendes an: „Sollten wir in der Natur jemals etwas entdecken, dass Raum und Zeit erklärt, dann müsste es auf jeden Fall etwas sein, das tiefer ist als Raum und Zeit - etwas das selbst keine Lokalisierbarkeit in Raum und Zeit hat. Und genau das ist das Erstaunliche an einem elementaren Quantenphänomen... ein Informationsatom das zwischen seinem Anfang und seiner Registrierung keine Lokalisierbarkeit in Raum und Zeit hat."

So merkwürdig die Quantenphysik auch heute noch erscheinen mag, so real sind doch ihre Prinzipien, aus denen sich u. a. auch die Eigenschaften der Atome – warum z. B. ein Elektron nicht in den Atomkern stürzt oder warum das Periodensystem der Elemente so und nicht anders strukturiert ist – erklären lassen. Damit ist die Quantenphysik die grundlegende Theorie für die

---

[68] Siehe Fußnote 66.

[69] Fuchs, C. A., 2003. Quantum mechanics as quantum information, mostly. *Journal of Modern Optics*, 50(6-7), pp.987-1023.

[70] Gilder, L., 2008. The Age of Entanglement: When Quantum Physics was Reborn, New York, Alfred A. Knopf, p. 335.

Chemie und auch die Molekularbiologie. Dieser Sachverhalt ist für die Betrachtung des Informationsbegriffs von erheblicher Bedeutung: berührt er doch die Rolle der Information in den Prozessen der belebten und unbelebten Materie. Ebenso findet die Quantenphysik inzwischen vielfältige praktische Anwendungen, denn weder Laser-, noch Halbleiter- und Nanotechnologie sind ohne sie denkbar.

2.3. Aus Bits werden Qubits: Quanteninformation

Die Realität verschränkter „Teilchen" wurde durch Charles Bennett[71] 1993 mit Hilfe des Informationsbegriffs de-mystifiziert bzw. in „praktische" Teleportation[72] umgesetzt.

Er erläuterte in einem Gedankenexperiment von der Art des EPR-Szenariums, also unter Annahme der instantanen und damit nicht-lokalen Beziehung zwischen den verschränkten - aber weit voneinander entfernten - Teilchen A und B, warum eine Teleportation an die Relativitätstheorie und damit an endliche (Licht-)Geschwindigkeiten gebunden bleibt. Teleportation, nach der Definition von Bennett, nutzt ein verschränktes Teilchenpaar zur Projektion bzw. zum Transport der zugehörigen Quanteninformation über ein drittes Teilchen und über eine beliebige Distanz: Eine angenommene Alice (zusammen mit „Bob" und manchmal „Charlie" Protagonisten vieler quantenphysikalischer Gedankenexperimente) misst dieses dritte - an Bob zu übertragende - Teilchen nicht direkt, sondern muss sich auf die - im Rahmen der

---

[71] Gleick, J., 2011. The Information: A History, A Theory, A Flood. Harpercollins UK, p. 367.

[72] Die Wortwahl stammt von Bennett selbst. Der Begriff Teleportation geht jedoch auf den amerik. Journalisten Charles Hoy Fort zurück, der ihn 1931 zur Beschreibung einer mysteriösen Kraft zum Transport von Objekten verwendete. (Wikipedia „Teleportation", besucht April 2012)

Unschärfebeziehung - mögliche Beziehung zu einem der verschränkten Teilchen beschränken. Bob erhält jedoch eine exakte Kopie des Teilchens C. Mit dieser kann er aber erst etwas anfangen, wenn er von Alice ihre gewonnene klassische Information auf klassischem Weg erhalten hat. Instantan wurde also Quanteninformation - oder auch Quantenzustände - übertragen, die erst zu einem klassischen Objekt werden kann, wenn die klassische Information nachgeliefert wird.

„Das Nettoresultat stellt sich recht prosaisch dar", so Bennett und seine Kollegen, „es handelt sich um das Entfernen des Quantenobjekts von Alice und das Erscheinen dieses Objekts bei Bob eine angemessene Zeit später. Bemerkenswert daran ist, dass in der Zwischenzeit die Information klar in seine klassische und nichtklassische Teile separiert wurde."[73] Erwähnt werden muss an dieser Stelle, dass die Experimente von Nicolas Gisin[74] und anderen im Jahr 2000 zeigten, das verschränkte Systeme offenbar tatsächlich instantan in Beziehung zueinander stehen. Allerdings macht es - wie oben geschildert - wenig Sinn, hier von Informationsübertragung zu sprechen. Die Experimente zeigen den großen Einfluss der speziellen Relativitätstheorie und unter ihrer Berücksichtigung ist es auch nicht mehr zu entscheiden, welches Quanten-Ereignis - an den jeweiligen „Enden" (Messpunkten) der Verschränkung, also bei „Alice" oder „Bob" früher oder später stattgefunden hat.[75]

---

[73] Gleick, J., 2011. The Information: A History, A Theory, A Flood. Harpercollins UK, p. 368 (zitiert nach Bennett et al, 1993. Teleporting an unknown quantum state via Dual Classical and Einstein-Podolsky-Rosen Channels).

[74] Gisin, N., 2009. Quantum nonlocality : How does Nature perform the trick ?. Physics World.

[75] Seife, C., 2007. Decoding the Universe: How the New Science of Information Is Explaining Everything in the Cosmos, From our Brains to Black Holes Reprint., Penguin (Non-Classics), p. 223.

Der Physiker Christopher Fuchs[76] schlägt in diesem Zusammenhang vor, Klarheit durch Terminologie zu schaffen und anstatt von Quantenzuständen von Quanten-Information zu sprechen[77] - wie oben auch praktiziert. Nicht Zustände würden in EPR-Szenarien demnach teleportiert, sondern es würden Quanten-Informationen übertragen, die Zustände erst mit Hilfe von klassisch-deterministisch Eigenschaften bzw. Informationen ermöglichen.

Die nun notwendige Unterscheidung zwischen klassischer Information und Quanten-Information kann nach Dan Marinescu[78] wie folgt vorgenommen werden:

> Klassische Information ist auf der Grundlage von Eigenschaften klassischer physikalischer Systeme, die den Gesetzen der klassischen Physik gehorchen, kodiert. Die Transformation klassischer Information erfolgt durch logische Operationen, die in logische Bauelemente wie UND-/ ODER- und NICHT-Gatter implementiert sind. Diese bilden die Grundbausteine von Computern.
>
> Quanten-Information ist mit Hilfe der Eigenschaften von Quanten-Teilchen, die den Gesetzen der Quantenphysik gehorchen, kodiert. Quanten-Informationen werden durch spezifische Quanten-Gatter transformiert, auf deren Grundlage Quanten-Computer realisiert werden können.

1981 folgerte Richard Feynman, dass Quantenphysik am besten durch Quanten-Computing simuliert werden könnte.[79] Sein An-

---

[76] Siehe Fußnote 69.

[77] Gleick, J., 2011. The Information: A History, A Theory, A Flood. Harpercollins UK, p. 367.

[78] Marinescu, D. C., 2011. Classical and Quantum Information, Elsevier.

[79] 1981 stellte Feynman auf einem der ersten Workshops zum Thema Physics and Computation (Physik und Berechenbarkeit) die Frage „Can (quantum) physics be (efficiently) simulated by (classical) computers?“ und kam zu dem Schluss, dass das am besten mit Quantencomputern

liegen war allerdings weniger einen neuen Industriezweig zu gründen, sondern die Quantenphänomene besser zu verstehen. Er stellte die Frage nach den Grenzen der Simulierbarkeit dieser Phänomene. Mit herkömmlichen Turing-Maschinen war dem nicht beizukommen. Ihr Prinzip ist deterministisch, während Quantenphänomene ihrem Wesen nach auf Wahrscheinlichkeiten beruhen, in dem sie inhärent alle möglichen Konfigurationen gleichzeitig einnehmen. Berechnungen mit von Neumann-Computern würden daher exponentiell (wachsend mit den möglichen Quantenzuständen) viele Bits, d. h. Speicher, benötigen. Zu viel für einen Computer im Jahr 1981 und auch heute. Klassische - auf dem Turing-Prinzip - beruhende Computer sind also nicht geeignet, die Quantenwelt zu simulieren.[80] Dafür wurde das Qubit erfunden. Ein Bit mit eingebauter Wahrscheinlichkeit, wenn man so will. Diese kommt durch Superposition zustande. Rolf Landauer äußerte sich folgendermaßen dazu: „Als wir lernten, mit unseren ungelenken Fingern zu zählen, dachten wir, dass eine ganze Zahl einen bestimmten und einzigartigen Wert hat."[81] Das gilt jedoch nicht in der Realität der Quantenwelt.[82]

Ein Qubit repräsentiert ein elementares Quantensystem.[83] Es hängt über Verschränkung mit einem anderen Qubit zusammen. Während in klassischen Computern Bits über ihre Zustände „1" und „0" endlich viele verschiedene Werte darstellen, können Qubits alle Werte gleichzeitig einnehmen. Dem Heisenbergschen Unschärfeprinzip gehorchend, können die Zustände dieses Sys-

---

geschieht, einem heute sehr aktuellen Forschungsgebiet. (Wikipedia, Januar 2012)

[80] Gleick, J., 2011. The Information: A History, A Theory, A Flood. Harpercollins UK, p. 369.

[81] Siehe Fußnote 80.

[82] Siehe Fußnote 80.

[83] Gleick, J., 2011. The Information: A History, A Theory, A Flood. Harpercollins UK, p. 364

tems nur bedingt voneinander unterschieden werden. Die Leistungsfähigkeit eines Algorithmus, der mit Qubits arbeitet, steigt also exponentiell mit der Anzahl möglicher Quantenzustände. Damit eröffnen sich Lösungsmöglichkeiten für Problemstellungen, die eine extrem lange Berechnungszeit haben und somit mit heutigen Computern nicht gelöst werden können, wie z. B. die Primfaktorzerlegung in der Kryptografie[84]. Um ein Ergebnis einer Berechnung mit einem Quantenalgorithmus darzustellen, müssen Qubits ausgelesen werden, d. h. eine Messung muss durchgeführt werden. Hierbei wird die Superposition „eingefroren“ und ein Ergebnis der vielen möglichen Resultate wird ausgelesen. Mit anderen Worten, bei der Messung eines Qubits wird ein Zustand der vielen gleichzeitig möglichen Zustände gemessen. Bis zur Messung wird die Menge der „versteckten“ Information als dynamische Entwicklung (Schrödinger-Gleichung) angenommen. Diese Eigenschaft erlaubt es letztlich an der Information Manipulationen vorzunehmen, also damit Algorithmen zu konstruieren.

Quantenphysik, so Asher Peres,[85] bilde zusammen mit der Relativitätstheorie und der Informationstheorie die Grundlage der Theoretischen Physik. Die Erfassung bzw. Beschaffung von Information in einem Quantensystem bilde die Schnittstelle zwischen klassischer Physik und Quantenphysik, wobei die spezielle Relativitätstheorie strenge Restriktionen hinsichtlich des Transfers von Informationen zwischen voneinander entfernten Systemen setzt. Die begrenzte Ausbreitungsgeschwindigkeit von Licht und damit - da es als schnellster Träger von Informationen angenommen werden muss - von Informationen selbst, bewog Einstein letztlich an seinen Zweifeln an der Nichtlokalität als Konsequenz aus der Verschränkung von Quantensystemen fest-

---

[84] Buchmann, J. A., 2000. Introduction to Cryptography. Springer, Berlin, Heidelberg.

[85] Peres, A., Terno, D. R., 2003. Quantum Information and Relativity Theory. Technion University, Institute of Technology, Haifa, Israel, p. 1.

zuhalten, auch nach dem EPR-Disput seine Zweifel an der „spukhaften Fernwirkung",.

Nichtlokalität und Verschränkung geben weiter Anlass, ihre erkenntnistheoretische Einordnung zu diskutieren. Obwohl ihre Existenz in vielfältigen Experimenten und Anwendungen nachgewiesen und heute auch praktisch genutzt werden kann, bleibt doch die Frage, mit was wir es hier *eigentlich* zu tun haben und wo die Grenze zu unserer erfahrbaren „klassischen" Realität verläuft. Eine drängende Frage, zumal beide Phänomene nicht etwa die Ausnahme, sondern eine allgegenwärtige, ubiquitäre Eigenschaft der Materie darstellt.[86]

Teleportation als potenzielle Anwendung der Verschränkung weckt natürlich die Phantasien von Anhängern der Science-Fiction Literatur („Beam me up Scotty").[87] Bennett hatte die Ernüchterung allerdings gleich mitgeliefert - schneller als Lichtgeschwindigkeit sollte nichts gehen. Allerdings ergaben sich eine ganze Reihe anderer praktischer Anwendungsszenarien, von denen insbesondere die Quanten-Kryptografie und Quanten-Computing umgesetzt werden.[88]

2.4. Information in der Biologie

Unsere kurze Betrachtung zur Information in der Biologie fokussiert sich auf ihre Rolle in der Evolution. Dabei soll der Frage nachgegangen werden, wie Organismen, unbelebte Realität und Information zusammenhängen. Weniger Aufmerksamkeit wird den vielfältigen Wegen der Informationsaufnahme, der Informationsverarbeitung und der Kommunikation mit anderen Orga-

---

[86] Gleick, J., 2011. The Information: A History, A Theory, A Flood. Harpercollins UK, p. 367.

[87] Wikipedia, Januar 2012. en.wikipedia.org/wiki/Beam_me_up_Scotty

[88] http://www.nature.com/news/2011/110531/full/474018a.html

nismen geschenkt. Von den drei wesentlichen Bereichen der Information, dem physikalischen, dem biologischen und dem menschlichen/sozialen Bereich, werden wir uns auf die beiden ersten Bereiche konzentrieren.

Wir haben gesehen, dass die Quantenphysik eine neue Auffassung von dem, was wir als Realität verstehen, erzwingt. Genauer, von mehreren Realitätsinterpretationen, denn die klassische Realität ist abgelöst durch eine Reihe Realitäts-Kandidaten. Nick Herbert[89] hat diese 1987 als „acht Vermutungen" klassifiziert. Ihnen allen gemeinsam ist, dass sie unser klassisches Verständnis von Realität fundamental in Frage stellen. Die Einsicht, dass die Quantenmechanik ein Teil der Wirklichkeit ist, hat somit gravierende Konsequenzen. Verschränkung und Superposition spielen sich in einer Realität ab, die von der uns vertrauten und verstandenen Newtonschen Wirklichkeit durch eine Grenze getrennt ist. Wo diese Grenze genau liegt und wie sie gestaltet ist, wird nach wie vor diskutiert. Auch Zeit und Raum stellen sich, nach der Uminterpretation zunächst durch die Relativitätstheorie, dann durch die Quantenphysik neu dar.[90] Der Zufall ist – im Gegensatz zur Newtonschen Wirklichkeit - real, nicht etwa eine Folge unvollkommener Berechnungsmethoden. Obwohl diese neue Realität nur zum Teil verstanden ist und erkenntnistheoretisch bisher unvollständig aufgearbeitet wurde, muss sie jedoch, soviel scheint sicher, eng mit der Entstehung des Lebens, dem Leben und den biologischen Erkenntnisprozessen zusammenhängen.

Die Entstehung biologischer Information – ohne zunächst weiter zu differenzieren, was darunter zu verstehen ist – erscheint vielen Wissenschaftlern bereits seit längerem als zentrale Problem-

---

[89] Herbert, N., 1987. Quantum Reality: Beyond the New Physics Reprint., Anchor. p. 16.

[90] Kiefer, C., 2009. Does time exist in quantum gravity? arXiv: 0909.3767v1.

stellung bei der Suche nach dem Ursprung des Lebens.[91] Selbstorganisation und Zufall gelten dabei als ebenso wichtige Mechanismen wie Interaktions-, Replikations- und Archivierungsfähigkeit. Diese Mechanismen beruhen im Kern auf Informationsnutzung bzw. -verarbeitung. Jeder Organismus, so Peter Munz,[92] ist eine „Theorie" über seine Umgebung. Dies bedeutet, dass ein Organismus seine Umwelt spiegelt. Er kann dies, weil er durch evolutionäre und selektive Adaption Information und Wissen über sie gesammelt hat. Je besser diese Theorie verifiziert und weiterentwickelt werden kann, je besser gestalten sich die Lebensbedingungen eines Organismus. Weit entwickelte „Theorien" in diesem Sinne können, so Munz, als entkörperlicht verstanden werden, wenn sich z. B. linguistisches Wissen entwickelt habe. O'Shea weist gleichfalls darauf hin, dass „das Nervensystem eine Ansammlung hoch differenzierter Zellen mit der Aufgabe darstelle, Informationen aufzunehmen, zu analysieren, zu speichern und weiterzugeben und angepasstes Verhalten auf solche Weise zu steuern, dass der Gesamtorganismus überleben und sich fortpflanzen kann."[93] Weiter verdeutlicht er, dass die grundlegenden Funktionen des Nervensystems darauf ausgerichtet seien, auffallende, sich ändernde oder „interessante " (Verfasser) Merkmale der Umwelt aufzunehmen und angemessen - im Sinne der Evolution zum Vorteil der eigenen Entwicklung - darauf zu reagieren.

Radikaler noch hat Richard Dawkins die Rolle der Information interpretiert. In seinem Buch über das selbstsüchtige Gen[94] postuliert er, die Evolution sei allein aus der Sicht der Gene zu ver-

[91] Küppers, B.-O., 1989. Der Ursprung biologischer Information. Zur Naturphilosophie der Lebensentstehung, Piper Verlag GmbH.

[92] Munz, P., 2004. Beyond Wittgenstein's Poker: New Light on Popper and Wittgenstein First Edition., Ashgate Publishing Limited, p. 3.

[93] O'Shea, M., 2008. Das Gehirn: Eine Einführung, Reclam Philipp jun. GmbH Verlag.

[94] Dawkins, R., 2006. Selfish Gene, 30th ed., Oxford University Press.

stehen. Die „Einheit der Selektion" im evolutionären Prozess sei nicht der Organismus, also der Phänotyp, sondern es sei der Replikator (DNA und RNA replizieren Information) und damit das Gen, das sie tragen. Gene seien Entitäten, die sich replizieren könnten und - im Gegensatz zu ihren temporären Trägern - dadurch nachgerade unsterblich werden. Gemeint sind hier also die Bits, die eigentlichen Gene, nicht die Basenpaare, die sie kodieren. Die Evolution verfolgt also den „Zweck", so Dawkins, durch geeignete Selektion den Trägerorganismus erfolgreich zu gestalten. So würde das bestmögliche Überleben der Spezies gesichert, was wiederum dessen Genen zum Überleben verhilft. Der Schlüssel liege in den optimalen Chancen der erfolgreichen Weitergabe der Erbinformation.

Der Zufall ist eine eigene Kategorie in der Evolution. Er bestimmt u. a. die Variation, mit der genetische Informationen manipuliert bzw. fehlerhaft kopiert werden. Der Zufall beeinflusst so die Überlebenschancen der Organismen über den durch ihn modifizierten Anpassungsgrad an die externen Bedingungen. Führt die zufällige Manipulation zu einer verbesserten Anpassung, erhöht sich dessen Überlebenschance und sinkt im anderen Fall.[95] Eine weitere Kategorie, die gleichfalls eng mit Information (und Thermodynamik) verknüpft ist, bildet die Selbstorganisation, also das Entstehen von Ordnung und Komplexität.[96] [97] Die Anwendung der Informationstheorie auf biologische und geneti-

---

[95] Nüsslein-Volhard, C., 2012. "Es ist alles wahr" Medizin-Nobelpreisträgerin Christiane Nüsslein-Volhard über Darwins Einfluss auf die Gedankenwelt der modernen Biologie. *DIE ZEIT, Nr. 02*. Available at: www.zeit.de/2009/02/N-Darwin-Nuesslein-Volhard [Accessed March 1, 2012].

[96] Foerster, H. v./Zopf, G. W. (Hrsg.), 1962. Principles of Self-Organization. Oxford. Pergamon Press.

[97] Kauffman, S. A., 1993. The Origins of Order: Self-Organization and Selection in Evolution, Oxford University Press.

sche Informationen wurde recht früh zum Gegenstand wissenschaftlicher Arbeit.[98]

Die Entstehung des Lebens und die Evolution werden heute überwiegend als ein informatorischer Prozess interpretiert. Nicht die Kombination und Anordnung von Elementen und Substanzen, die letztlich die Anatomie eines lebenden Organismus bilden, oder sein Stoffwechsel sind die entscheidenden Merkmale bereits in der Entstehungsphase des Lebens, sondern die Fähigkeit Information zu speichern, zu replizieren und sie über Generationen hinweg zu kommunizieren.[99] Die Aggregation von Informationen in Vorläuferformen der DNA war danach ein Folgeschritt, der auf der Fähigkeit zu einer primitiven Art von Stoffwechsel beruhte. Im weiteren Verlauf bildeten sich dann Zellen.[100] Bereits Einzeller könnten dann - wie das Pantoffeltierchen - über die Fähigkeit verfügt haben, sich rudimentär zu orientieren, also Informationen aus ihrer Umwelt über molekulare „Wahrnehmungs- und Reaktionsmechanismen" zu verwerten. Die (Selbst-) Organisation mehrzelliger Verbände erweiterte die Möglichkeiten explosionsartig. „Die Zellen konnten jetzt zusammenarbeiten und verschiedene, hoch spezialisierte Aufgaben unter sich aufteilen. ... Auf diese Weise waren die Voraussetzungen für die Entwicklung des Nervensystems gegeben".[101] Sehr früh setzte sich Erwin Schrödinger mit der Rolle der Information in der Vererbung auseinander. Bereits 1943 entwarf er mit dem Modell des „aperiodischen Kristalls" und der „Codeschrift" eine

---

[98] Gatlin, L., 1973. Information Theory and the Living System, Columbia University Press.

[99] Bawden, D., 2007. Information as self-organized complexity: a unifying viewpoint. *Information Research*, 12(4). Available at: InformationR.net/ir/.

[100] Trefil, J., Morowitz, H. J., and Smith, E., 1997. The Origin of Life. *American Scientist*, 97, pp. 206-212.

[101] O'Shea, M., 2008. Das Gehirn: Eine Einführung, Reclam, Philipp, jun. GmbH, Verlag, p. 65.

Vorläuferkonzeption für die 10 Jahre später durch Watson und Crick entdeckte Desoxyribonukleinsäure (DNA), indem er eine an Genen orientierte Lösung für das Problem der Übertragung des „Musters" der genetischen Anweisungen auf die organisierte Komplexität der Zelle postulierte.[102]

Nach dem Dargestellten kann es kaum überraschen, dass DNA und RNA im übertragenen Sinne kopieren, speichern und modifizieren, also computerähnliche Operationen ausführen. Es wird versucht, mit ihnen tatsächliche Berechnungen durchzuführen: 1994 publizierte Leonard Adleman[103] eine „Berechnung" unter Nutzung von Strängen interagierender Nukleinsäuren, die eine Mini-Version des als Handlungsreisenden (traveling salesman) bekannten Optimierungsproblems darstellt. Erik Winfree und Lulu Qian[104] beschrieben 2011 die Bildung von logischen Schaltkreisen aus DNA-Strängen. Mit aus 74 verschiedenen DNA-Strängen bestehenden Schaltkreisen gelang es ihnen, die Quadratwurzel aus vierstelligen Binärzahlen zu bestimmen. Weiter sind die Konstruktion von neuronalen Netzen und ein Spielalgorithmus für Tic-Tac-Toe aus DNA-Strängen bekannt.[105] Ob je eine gleiche Mächtigkeit des DNA-Computing mit Turing-Maschinen und damit mit der Berechenbarkeit an sich erreicht werden kann, ist derzeit offen. Es deuten sich aber Entwicklungen an, die DNA-Automaten als synthetische Gene innerhalb von Zellen zu

---

[102] Gumbrecht, H .U., et al., 2008. Geist und Materie: Zur Aktualität von Erwin Schrödinger. Originalausgabe., Suhrkamp Verlag., p. 70.

[103] Adleman, L. M., 1994. Molecular Computation of Solutions to Combinatorial Problems. *Science*, 266, pp. 1021-1023.

[104] Qian, L., and Winfree, E., 2011. Scaling up digital circuit computation with DNA strand displacement cascades. *Science (New York, N.Y.)*, 332(6034), pp.1196-1201.

[105] Computing with soup. *The Economist, Technology Quarterly Q1 2012.*

deren Steuerung zu nutzen, um so z. B. Krebs zu bekämpfen oder in Vererbungsprozesse einzugreifen.[106]

In seiner Motivation zu seinem Aufsatz über die Rolle der Information bei der Evolution von Bakterien, schreibt Antoine Danchin[107] über eine Metapher aus dem antiken Delphi: Bleibt ein Schiff, wenn all seine Planken über die Jahre ausgetauscht wurden, dasselbe Schiff? Da das Wesen des Schiffes, Passagiere und Waren zu transportieren, durch den Austausch der genannten Materialien nicht beeinträchtigt wurde, sondern lediglich das Altern des Schiffes verzögert verläuft, kann die Frage durchaus positiv beantwortet werden. Die Form und die Beziehungen der Planken zu- und untereinander machen die Architektur und die Funktion des Schiffes aus. Diese Relationen sind ihrer Natur nach Informationen, die sich als Erbinformationen über Milliarden von Vererbungen erstaunlich wenig änderten, obwohl die Phänotypen - zumindest aus unserer Sicht als Menschen - dramatische Wandlungen erfuhren.

Information wird erst durch ihre Repräsentation in einer DNA, auf Papier oder im Gehirn wahrnehmbar und kommunizierbar. Zu den vielen neuen Fragen, die mit der Quantenphysik aufgeworfen wurden, gehören die nach der Interpretation des Leib-Seele-Problems[108] und der Repräsentation von Information in und durch das (biologische) Gehirn. An die These von Munz angelehnt, liegt die Schlussfolgerung nahe, dass ein Gehirn die verifizierte These einer quantenphysikalischen Welt darstellt, sofern man annimmt, das Gehirn schafft sich ein Bild von der Realität. Die Vorstellung einer Welt aus kleinen Körpern und Mini-

---

[106] Shapiro, E., and Benenson, Y., 2006. Bringing DNA Computers to Life. *Scientific American*, (294), pp. 44-51.

[107] Danchin, A., 1966. The role of information in evolutionary genomics of bacteria. Physics., in: Caetano-Anollé and Gustavos, Evolutionary Genomics and Systems Biology, 1st ed. (Wiley-Blackwell, 2011).

[108] Brüntrup, G., 2008. Das Leib-Seele-Problem: Eine Einführung, 3rd ed., Kohlhammer.

Planetensystemen - also der Newtonschen Physik - hat sich hin zu einer Vorstellung verändert, die man als holistisch-global und informationell, mit Tendenzen zu Ereignissen, die wir als real erfahren, bezeichnen kann,. Nimmt man wie Henry Stapp an, es liegt bei einem Gehirn, aus den vielen Tendenzen bzw. Ereignispotenzialen (durch Messung) die realen Tendenzen und Potenziale auszuwählen bzw. zu bestimmen, so verlieren die Eigenschaften der Quantenphysik auch das Spukhafte das Einstein störte.[109] Das Gehirn würde in dieser Vorstellung durch Messprozesse dafür sorgen, dass unsere vertraute Welt „emergent“ wird.

---

[109] Stapp, H., 2010. Minds and Values in the Quantum Universe, in: Davies, P. and Gregersen, N. H., 2010. Information and the Nature of Reality: From Physics to Metaphysics, 1st ed., Cambridge University Press.

3. Repräsentation von Information

Im Folgenden werden die Eigenschaften von Information hinsichtlich ihrer Repräsentation kurz näher betrachtet und anschließend der Blick auf Statistik und Logik gelenkt. Das quantenphysikalische Weltbild zwingt uns, Ergebnisse statistischer Methoden und damit von Wahrscheinlichkeitsbetrachtung als Beschreibungen der Realität zu betrachten. Im Unterschied zu Thermodynamik handelt es sich hier um kein Mittel, dass uns wegen der großen Zahl gleichzeitig betrachteter Elemente (Moleküle und Atome) zu einer gewissen Ungenauigkeit zwingt, sondern um die Auswirkungen elementar vorhandener Zufallswirkungen. Im gleichen Zusammenhang erfolgt anschließend eine kurze Diskussion zur Rolle der Logik bei der Interpretation von Informationen, die in quantenphysikalischen Experimenten gewonnen werden. Information wird in der klassischen Logik durch Aussagen in Form von Wahrheitswerten behandelt. Diese ermöglicht nicht Beobachtungen oder Messungen, wie sie z. B. in der Teilchenphysik erfolgen, zu verifizieren. Die Erweiterung um den Intuitionismus ermöglicht Information, welche in Form von Beobachtungen oder Messungen vorliegen, als Aufgaben zu interpretieren und diese zu beweisen oder zu widerlegen.

Information wird erst durch ihre Repräsentation wahrnehmbar und kommunizierbar. Hierbei kann sie z. B. im menschlichen Gehirn repräsentiert werden, auf Papier oder einem digitalisiertem Medium. Um das Wesen der Information zu verstehen, ist es notwendig sich mit den Eigenschaften der Repräsentation von Information auseinanderzusetzen. Nach der Betrachtung der Eigenschaften werden diese statistisch ausgewertet und die Grenzen von Information in der Statistik zum Vorhersagen von Ereignissen diskutiert. Information wird in der klassischen Logik durch Aussagen in Form von Wahrheitswerten behandelt. Diese ermöglicht es jedoch, nicht, Beobachtungen oder Messungen zu verifizieren, wie sie z. B. in der Teilchenphysik erfolgen. Allerdings ermöglicht der Intuitionismus aus der Philosophie Information, welche in Form von Beobachtungen oder Messungen vorliegen, als Aufgaben (bzw. Intuitionen) zu interpretieren und diese dann zu beweisen oder zu widerlegen. Damit ist es möglich, z. B. Messungen in der Teilchenphysik mit der zugrundeliegenden Theorie auf Stimmigkeit zu überprüfen. Messungen und Beobachtungen stellen Information dar und diese wird hierdurch überprüfbar.

3.1. Eigenschaften der Repräsentation von Information

Die Repräsentation von Information weißt nach Kåhre[110] und Seeger[111] grundlegende Eigenschaften auf, um das Wesen der Information besser zu verstehen. Diese Eigenschaften charakterisieren die Information als solches. Die Eigenschaften von Information lassen sich folgendermaßen kategorisieren (vgl. auch Kåhre):

- Interpretierbarkeit: auf der Basis welchen Automatisierungsgrades lässt sich Information interpretieren:
    - maschinell und damit automatisch oder semi-automatisch oder
    - (nur) durch den Menschen.
- Abstrahierbarkeit: lässt sich Information verallgemeinern oder sogar extrapolieren: Generalisierung, wie es in der griechischen Scholastik entstanden ist, versus der Induktion aus der Wissenschaftstheorie nach Francis Bacon.112

[110] Kåhre, J., 2002. The Mathematical Theory of Information. Volume 684 in The Kluwer International Series in Engineering and Computer Science. Chapter 3. Kluwer Academic Press.

[111] Seeger, T., 2004. Grundbegriffe der Information und Dokumentation (in: Grundlagen der praktischen Information und Dokumentation), Saur Verlag, 5. Edition, München.

[112] Krohn, T., 1987. Francis Bacon, Beck-Verlag, München.

- Beweisbarkeit oder Widerlegbarkeit im Sinne einer Nachvollziehbarkeit.
- Erweiterbarkeit: kann Information hinzugefügt werden und was bedeutet dies für die vorherigen Eigenschaften; mit anderen Worten: bleiben die vorherigen Eigenschaften erhalten, wenn Information hinzugefügt wird oder entstehen Widersprüche?

Die geeignete Repräsentation ist die Voraussetzung, dass Information verarbeitet werden kann und dass ein wiederholter Zugriff auf das gleiche Wissen möglich ist. Eine Motivation für den Erwerb von Wissen ist die Gewinnung von Erkenntnissen. Dies geschieht häufig durch die Verarbeitung von Information. Hierbei werden neue Erkenntnisse zur ursprünglichen Information, dem Ausgangswissen, hinzugefügt, um künftigen Erkenntnisgewinnen zu dienen. Zentral ist, dass Information repräsentiert werden muss. Die Repräsentation von Information hat wiederrum Eigenschaften, die sich kategorisieren lassen (vgl. Harms[113]):

- Repräsentationsformalismus:
    - Mathematisch, z. B. Statistik: Zahlen repräsentieren Entitäten.
    - Logik: Aussagen oder Prädikate wie in Expertensystemen.
    - Netzartig: Graphen (z. B. wie in Deduktionssystemen).
    - Prozedural: Wissen in Form von Instruktionen, z. B. if-then wie in Produktionssystemen.
- Sprache

[113] Harms, W. F., 2006. What is Information? Three Concepts. *Biological Theory* 1(3), pp. 230-242.

    - o Ausdrucksmächtigkeit der verwendeten Sprache, ist diese hinreichend, um z. B. das Peano-Axiom der Induktion darzustellen.
    - o Verständlichkeit der Repräsentation; Zahlen lassen sich nur schwierig interpretieren.

- Semantik
    - o Liegt eine einheitliche Ontologie vor, so dass Begriffe eine eindeutige Bedeutung haben?
    - o Existiert ein (formaler) Modellbegriff mit Interpretationsoperator?

Diese Eigenschaften zeigen, dass Repräsentationen inhärente Merkmale haben, die Information und die enthaltenen Erkenntnisse wahrzunehmen. Wichtig für eine Repräsentation ist, dass sie eindeutig interpretiert werden kann. Durch die Entwicklung von probabilistischen Modellen und Theorien wurden einige wichtige Eigenschaften, wie z. B. die Semantik, für eine eindeutige Interpretation jedoch aufgegeben. Im Folgenden werden wir diese Eigenschaften in den grundlegenden Werkzeugen Struktur- und Naturwissenschaften, nämlich der Statistik und Logik, betrachten.

3.2. Statistik und Information

Thomas Bayes veröffentlichte in der ersten Hälfte des 18ten Jahrhunderts das nach ihm benannte Bayes Theorem. Es beschreibt die Berechnung bedingter Wahrscheinlichkeiten in der Situation, dass die Wahrscheinlichkeit für den Eintritt eines Ereignisses bekannt ist (a priori). Das a priori Wissen wird für die Berechnung der Eintrittswahrscheinlichkeit eines weiteren Ereignisses (a posteriori) verwendet.[114] Diese Abhängigkeit ist

[114] Hays, W. L., 1963. Statistics. Holt, Rinehart, and Winston Inc., New York.

auch als „Lernen aus Erfahrung bekannt". Hiermit wurde für die Wahrscheinlichkeitstheorie ein Grundstein für die Berechnung von abhängigen Ereignissen gelegt. Bemerkenswerterweise ist diese Abhängigkeit umkehrbar und somit eine Rückwärtsinduktion möglich. Allerdings birgt dieses auch eine gewisse Gefahr. Als Beispiel betrachten wir eine einfache Häufigkeitsbetrachtung, die *a priori* Wahrscheinlichkeit, auf deren Basis die Wirksamkeit eines diagnostischen Tests ermittelt werden soll. Durch Anwendung der Formel von Bayes auf diagnostische Beobachtungen wird diese Schätzung unter Einrechnung der getätigten *a priori* Beobachtung verbessert und führt zur *a posteriori* Wahrscheinlichkeit. Diese *a posteriori* Wahrscheinlichkeit stellt eine Verfeinerung der *a priori* Wahrscheinlichkeit dar. Jedoch gilt sie nur für die getätigte diagnostische Beobachtung und ist damit nicht verallgemeinerbar, und insbesondere nicht als (voraussagende) Statistik verwendbar. Damit kann sie in der Praxis z. B. in der Medizin getätigte Diagnosen bestärken oder helfen diese zu hinterfragen.

Die nach Carl Friedrich Gauß benannte Gauß- bzw. Normalverteilung entspricht, als Dichte dargestellt, einer symmetrischen Glockenkurve. Die besondere Bedeutung der Normalverteilung beruht unter anderem auf dem zentralen Grenzwertsatz. Dieser besagt, dass eine Summe von unabhängigen, identisch verteilten Zufallsvariablen[115] mit endlicher Varianz im Grenzwert normalverteilt ist. Das bedeutet, dass man Zufallsvariablen dann als normalverteilt ansehen kann, wenn sie durch Überlagerung einer großen Zahl von unabhängigen Einflüssen entstehen, wobei jede einzelne Einflussgröße einen im Verhältnis zur Gesamtsumme unbedeutenden Beitrag liefert.[116] Mit anderen Worten, betrachten wir eine Summe von Ereignissen, die durch unabhängige und identisch verteilte Zufallsvariablen (mit endlicher Vari-

---

[115] Eine Zufallsvariable beschreibt verschiedene Ausgänge für ein Ereignis, z. B. beim Würfeln.

[116] Krengel, U., 1990. Einführung in die Wahrscheinlichkeitstheorie und Statistik, vieweg studium, 2. Auflage, Verlag Vieweg.

anz, die also nicht divergieren) repräsentiert wird, so ist diese Menge normalverteilt, sobald es hinreichend viele Ereignisse sind. Diese Approximation der Verteilung zufälliger Beobachtungen von z. B. Kopfumfang, Niederschlagsmenge oder Begabung / Schulnoten wird häufig angewandt. Letztlich sollte jedoch immer geprüft werden, ob die Beobachtungen wirklich eine glockenförmige Dichte haben.

Die Geschichte der Auffindung von Schätzern führte nach einem langen Weg zum sogenannten *Maximum Likelihood (ML)* Schätzer nach Ronald Fisher.[117] Hierbei wird jedem Wert einer Verteilung eine Wahrscheinlichkeit zugeordnet und für diese Zuordnung wird der Maximalwert – die sogenannte ML-Schätzung - bestimmt. Diese Schätzung muss nicht existieren oder eindeutig sein, aber in der Praxis kann sie meistens bestimmt werden, wenn die Beobachtungen auf vielen unabhängigen Einzelbeobachtungen basieren. Somit ist der ML-Schätzer ein weit verbreiteter, guter Schätzer. Zur Illustration betrachten wir das „Taxiproblem".[118] Angenommen, in einer großen Stadt gibt es viele Taxis und sie tragen fortlaufende Nummern. Durch Beobachtung einer Anzahl von Taxis lässt sich mit dem ML-Schätzer erfolgreich auf die Gesamtzahl der Taxis schließen, wenn das Beobachtungsmodell geeignet ist zu erkennen, z. B. wie viele Taxis wurden verschrottet und deren Nummern nicht neu vergeben wurden. Es heißt, dass der ML-Schätzer im zweiten Weltkrieg eine Rolle spielte, um aus den Seriennummern der zerstörten Panzer der Wehrmacht ihre Anzahl zu schätzen. Dies wurde zuverlässiger geschätzt als durch Geheimdienstmethoden.

Der ML-Schätzer vermeidet die Herausforderung, eine a priori Verteilung zu finden. Somit wird er von den Nicht-Bayesianern bevorzugt. Meistens ist über die a priori Verteilung nichts bekannt und sie wird willkürlich angesetzt. Eine weitere Herausforderung ist, dass oftmals hochdimensionale oder spärliche

---

[117] Siehe Fußnote116.

[118] Siehe Fußnote 116.

Daten vorliegen. Duda und Hart[119] haben Methoden dargestellt, um die Daten zu konzentrieren (als Beispiel sei die Hauptkomponentenanalyse genannt). Jedoch können diese Methoden auch Rauschen erzeugen. Auch das Theorem von Bayes hat Limitierungen. Der abzuschätzende Parameter ist im Allgemeinen eine zwar unbekannte aber feste Größe, und somit darf man ihn nicht als Zufallsvariable betrachten. Schlussfolgerungen aus dem Bayes Theorem sind in diesem Sinne praxisfern. Zusätzlich kann die a posteriori Verteilung des Parameters leicht falsch interpretiert werden. Sie wird – gegenüber der a priori Verteilung – als bessere Schätzung der tatsächlichen Verteilung des Parameters angesehen. Die a posteriori Verteilung ist aber nur eine verbesserte Schätzung unter der Bedingung der gemachten Beobachtung. Anders formuliert besagt die Verteilung, mit welchen Wahrscheinlichkeiten die verschiedenen Parameterwerte zu dem beobachteten Ergebnis beigetragen haben könnten. Der Umkehrschluss von der Beobachtung auf die nicht bedingte Hypothese ist allenfalls plausibel, aber es handelt sich um einen (Rückwärts-) Induktionsschluss. Es kann (insbesondere hier) erratisch sein, wenn aus einer Beobachtung zu starke Schlussfolgerungen gezogen werden. Abhilfe verschafft die folgende Methode, die insbesondere für physikalische Systeme einen bedeutenden Nutzen hat.

Edwin Jaynes entwickelte Mitte des letzten Jahrhunderts die Methode des Maximum-Entropie-Schätzers.[120] [121] Hierbei wird in Abwesenheit von a priori Information die Entropie der angenommenen a priori Wahrscheinlichkeiten maximiert. Für physikalische Systeme bedeutet dies, von allen möglichen Zuständen,

---

[119] Duda, R. O., and Hart, P. E., 1973. Pattern Classification and Scene Analysis. John Wiley & Sons.

[120] Jaynes, T. E., 1957. Information Theory and Statistical Mechanics. *The Physical Review*, 106(4), p. 620–630.

[121] Die in diesem Abschnitt dargestellte Chronologie der Statistik enthält Meilensteine, die es Jaynes ermöglichten seinen Schätzer zu entwickeln.

die mit dem Wissen über das System kompatibel sind, denjenigen zu wählen, der die Entropie maximiert. Die Normalverteilung hat für gegebenen Mittelwert und gegebene Varianz die größte Entropie unter allen Verteilungen. Deswegen wird sie in der Maximum-Entropie-Methode oft als a priori Verteilung verwendet und vermeidet hiermit die schwierige Definition oder Herleitung dieser Verteilung.

Die Statistik verwendet eine mathematische Repräsentation, d. h. Wissen bzw. Entitäten werden als Zahlen kodiert. Angenommen die Zahl 42 steht für die Farbe „grün". Derartige Repräsentationen sind für den Menschen unverständlich und haben eine begrenzte Ausdrucksstärke. Denn die Zahl 43 könnte dann „dunkelgrün", „hellgrün" oder etwas anderes wie „blau" bedeuten. Abgeleitetes Wissen, welches auch in Form von Zahlen vorliegt, ist nur schwer zu interpretieren.

3.3. Klassische und intuitionistische Logik

Die klassische Logik behandelt Aussagen durch Wahrheitswerte. Hierbei werden meistens die Werte *wahr* und *falsch* bzw. *0* und *1* angenommen. Mehrwertige Logiken mit mehr als zwei Wahrheitswerten, die z. B. den Wert *unbekannt* repräsentieren können, erfüllen im Allgemeinen nicht mehr bestimmte Abschlußeigenschaften wie Beweisbarkeit oder Vollständigkeit.[122] [123] Wahrheitswerte werden in der klassischen Logik durch Konnektive verbunden und als Wahrheitsfunktion interpretiert. Problematisch ist, dass die Eigenschaft der Beweisbarkeit nicht als

---

[122] Englert, R., 1995. Repräsentation, Prüfen und Lernen von Integritätsbedingungen im MOBAL-System. GMD-Studien Nr. 264, GMD-Forschungszentrum Informationstechnik, Sankt Augustin, ISBN 3884572644.

[123] Lloyd, J. W., 1987. Foundations of Logic Programming. Springer-Verlag, 2nd Edition.

Wahrheitsfunktion darstellbar ist. Sie ist nur als eine Art „Metafunktion" darstellbar, die für alle Wahrheitsfunktionen eines Axiomensystems gilt. Getrieben durch die Forderung der Beweisbarkeit von Aussagen ist die philosophische Position des mathematischen und logischen Intuitionismus entstanden[124]. Im Folgenden wird dieser kurz als Intuitionismus bezeichnet. Beim Intuitionismus wird die Mathematik als Tätigkeit des exakten Denkens angesehen. Als Ergebnis werden ihre eigenen Objekte hervorgebracht und diese werden nicht wie in der klassischen Logik vorausgesetzt. Die Entwicklung einer neuen Denkschule ist immer etwas Besonderes und zugleich jedoch nichts Ungewöhnliches: Der russische Mathematiker Nikolaus Lobatschewsky hat Mitte des 19ten Jahrhunderts die Euklidischen Axiome untersucht. Nach 2000 jähriger Gültigkeit fand Lobatschewsky heraus, dass das Parallelenaxiom überflüssig ist und entwickelte ein Modell einer nichteuklidischen Geometrie. Hiermit brachte er nicht nur eine Annahme zu Fall, die Jahrtausende lang als wahr angesehen wurde, sondern leistete zudem auch noch einen wesentlichen Beitrag zu einer neuen kritischen Denkweise der Wissenschaft bis heute.[125]

Im Intuitionismus sind durch die Annahme der Beweisbarkeit von Aussagen bestimmte Theoreme der klassischen Logik nicht (mehr) gültig. Ein Beispiel ist der Satz vom ausgeschlossenen Dritten, indem eine Aussage A oder dessen Negat gültig ist.[126] Die klassische Interpretation lautet „A trifft zu, oder A trifft nicht zu", und diese Interpretation ist in einer zweiwertigen Logik leicht als gültig erkennbar. Die intuitionistische Interpretation dagegen lautet „A ist beweisbar, oder A ist widerlegbar". Hierbei wird

---

[124] Brouwer, L. E. J., (Hrsg.), 1992. Intuitionismus. Eingeleitet und kommentiert von Dirk van Dalen, BI, ISBN 3-411-15371-7.

[125] Popp, W., 1981. Wege des exakten Denkens. Vier Jahrtausende Mathematik. Ehrenwirth, S. 90/91.

[126] Lloyd, J. W., 1987. Foundations of Logic Programming. Springer-Verlag, 2nd Edition.

zum einen ein Beweis gefordert und zusätzlich muss zu erkennen sein, welche der beiden Teilaussagen bewiesen worden ist. Wäre der Satz vom ausgeschlossenen Dritten in dieser Interpretation wahr, würde er die Vollständigkeit darstellen. In der Realität bedeutet aber die Nichtbeweisbarkeit einer Aussage nicht automatisch, dass die Aussage widerlegt werden kann. Kurt Gödel zeigte mit seinem berühmten Unvollständigkeitssatz, dass es in hinreichend mächtigen Systemen Aussagen gibt, die man weder beweisen noch widerlegen kann.[127] [128] Betrachten wir nochmals das obige Beispiel der Euklidischen Axiome. Im Allgemeinen sind Axiome nicht direkt zu beweisen. Beweisbar ist nur,, dass ein Modell basierend auf einer Menge von Axiomen gültig ist und dass jedes Axiom in der vorliegenden Definition für die Gültigkeit des Modells benötigt wird. Hierzu gehört z. B. das Aussagen des Modells widerspruchsfrei sind, d. h. das sich nicht Aussagen ableiten lassen, die einander widersprechen - etwa eine Entität und sein Negat bzw. Komplement.[129] Nach Gödel's Unvollständigkeitssatz müssen sich derartige Aussagen aber nicht zwingend ableiten lassen.

Der Intuitionismus als philosophische bzw. mathematische Richtung kritisiert nicht die klassische Logik als formales System mit

[127] Yourgrau, P., 2005. Gödel, Einstein und die Folgen: Vermächtnis einer ungewöhnlichen Freundschaft. 2. Auflage, Beck.

[128] Kurt Gödel hat weitere bedeutende Sätze bewiesen und gilt als der größte Logiker des letzten Jahrhunderts. Albert Einstein war von der Gödelschen Gedankenschärfe derart fasziniert, dass er während seiner letzten Lebensjahre in Princeton mittags ins Büro lief, um mit Kurt Gödel beim Spaziergang einen Gedankenaustausch zu pflegen. Gödel bewies 1948, dass jedes Universum, das auf der Relativitätstheorie basiert, keine Zeit hat. Einstein war hierüber bestürzt, akzeptierte aber diesen Satz, da er ihn nicht widerlegen und in dessen Beweis keinen Fehler finden konnte. Dieser Satz wird heutzutage von vielen Physikern in ihren Arbeiten ignoriert.

[129] Prestel, A., 1986. Einführung in die mathematische Logik und Modelltheorie. Vieweg.

Wahrheitswerten und Konnektoren. Er hinterfragt dessen Angemessenheit für wissenschaftliche und vor allem mathematische Fragestellungen. Der grundlegende Gedanke ist, dass andere logische Systeme für diese Fragestellung angemessener sind.[130] Als Konsequenz gelten wichtige Begriffe der klassischen Logik nicht (mehr) bzw. haben im Intuitionismus eine andere Bedeutung. Als Beispiel wurden verschiedene Semantiken von Kurt Gödel auf der Basis von Matrizen mit unendlich vielen Werten entwickelt, oder von Alfred Tarski auf der Basis einer topologischen Interpretation dargestellt.[131] Ebenso gilt die Eigenschaft der Vollständigkeit nicht, wie beim Satz vom ausgeschlossenen Dritten oben beschrieben. In der klassischen Logik ist dieser Satz auch als „Annahme der geschlossenen Welt" für dichotome Logiken bekannt.[132] Zentral für den Intuitionismus ist eine beweistheoretische Interpretation. Diese wurde von Brouwer, Heyting und Kolmogorov entwickelt. Hierbei wird der Begriff des Beweises einer komplexen Aussage durch die Rückführung auf die Beweise ihrer Teilaussagen eingeführt. Zum Beispiel wird der Beweis einer Implikation auf eine Konstruktion zurückgeführt, die jeden Beweis der Prämisse in einen Beweis der Konklusion überführt. Weitere Interpretationen sind z. B. von Stephen Kleene eingeführt worden.[133] In diesem Vorschlag wird Beweisbarkeit für die intuitionistische Logik auf berechenbare (rekursive) Funktionen zurückgeführt.

Wesentliche Herausforderungen des Intuitionismus liegen in der Behandlung der Negation und der Existenzaussage:[134] Brouwer

---

[130] Bedürftig, T., und Murawski, R., 2010. Philosophie der Mathematik, Walter de Gruyter.

[131] Bedürftig, T., und Murawski, R., 2010. Philosophie der Mathematik, Walter de Gruyter, S. 100.

[132] Siehe Fußnote 126.

[133] Siehe Fußnote 131.

[134] Kolmogorov, A. N., 1932. Zur Deutung der intuitionistischen Logik, *Mathematische Zeitschrift*, Band 35, Seite 58.

definiert die Negation einer Aussage als „die Aussage führt zu einem Widerspruch". Damit wird die Existenz einer Kette von korrekten logischen Schlüssen impliziert, die von der Aussage zu einem Widerspruch führt. Im Intuitionismus ist diese „Existenz" nur dann sinnhaft, wenn eine Konstruktion für diese Kette von logischen Schlüssen angegeben wird. Damit wird die Existenzaussage erst durch die Konstruktion wahr. Andrei Kolmogorov argumentiert, dass Aussagen des Intuitionismus Aufgaben sind, die durch logische Methoden wie Beweise oder Widersprüche existent und damit real werden.[135] Ohne die Anwendung dieser Methoden sind Aufgaben intuitionistische Behauptungen. Als Beispiel betrachten wir den Fermatschen Satz, dessen Beweis 250 Jahre lang eine herausfordernde Aufgabe war, bis schließlich vor kurzem ein Beweis gefunden werden konnte.[136]

Was die Beurteilung des Realen anlangt, ist man gewissermaßen an der Scheidelinie zwischen Karl Poppers drei Welten angelangt. Seiner Philosophie des Geistes zufolge wird die Welt in drei „Welten" aufgeteilt:

> Welt 1: die physische Welt.
>
> Welt 2: die Welt der individuellen Wahrnehmung und des Bewusstseins.
>
> Welt 3: die Welt der geistigen und kulturellen Gehalte, die vom Einzelbewusstsein unabhängig existieren können z. B. die Inhalte von Büchern, Theorien und Ideen.

Aufgrund der offensichtlichen kausalen Wechselwirkungen zwischen den drei Welten nimmt Popper sie alle als real an. Beispielsweise wird ein Bauplan (Welt 3) über das Bewusstsein eines Baumeisters (Welt 2) zu einem konkreten Haus der Welt 1. Die Intuition des Baumeisters ist also die treibende Kraft sowohl

---

135 Kolmogorov, A. N., 1932. Zur Deutung der intuitionistischen Logik, *Mathematische Zeitschrift*, Band 35.

136 Singh, S., 1997. Fermats Letzter Satz. Deutscher Taschenbuch Verlag.

bei der Planung als auch bei der Umsetzung. Dies führt uns zur intuitionistischen Logik. Der Auffassung von Aufgaben als intuitionistische Behauptungen kommt eine weitreichende Bedeutung zu. Die Quantentheorie wurde durch Beobachtungen real und diesen Beobachtungen gehen Aufgaben voraus. Die Lösung dieser Aufgaben erforderte die Modellierung und Durchführung von Beobachtungen. Damit werden im intuitionistischen Sinne Aufgaben repräsentiert und durch deren Interpretation können diese real werden und zugleich Information darstellen. Im Sinne Poppers hilft die Logik - als Teil der Welt 3 - Objekte der Welt 3 nicht nur verstehbar zu machen, sondern auch als irreversible Ergebnisse im Sinne des Messprozesses zu interpretieren.

4. Ontologie und Erkenntnistheorie

Die Auseinandersetzung mit dem Wesen der Information wirft, wie wir gesehen haben, grundsätzliche Fragestellungen nach den elementaren Strukturen der Welt an sich auf. Es ist daher kaum verwunderlich, dass sich eine Ontologie (im Sinne der metaphysica generalis[137]) der Information und im Angelsächsischen eine „Philosophy of Information"[138] entsteht bzw. bereits etabliert hat.

Nimmt sich der Betrachter noch etwas weiter zurück, so bemerkt er sofort, dass verwandte Fragen bereits von den griechischen Philosophen behandelt wurden. Mit der Annahme einer Welt mit idealen Dingen, den „Ideen", deren Ableitungen durch die Vernunft dann die Realität bilden (ein ideales Pferd dient als „Idee" aller realen Pferde) schuf Platon ein Konzept, das bis heute seine Faszination nicht verloren hat.[139] Auch der im wissenschaftlichen Wettbewerb zu Isaac Newton stehende Gottfried Wilhelm Leibnitz führte die Welt in ihrem ursächlichen Aufbau auf entstofflichte Relationen zurück.[140]

Die Frage „was ist?" oder „was existiert?" steht im Mittelpunkt jeder ontologischen Fragestellung,[141] mithin auch nach der, ob

---

[137] Die „metaphysica generalis" behandelt - im Kontrast zur „metaphysis specialis"- nicht die Fragen der philosophischen Thologie, Psychologie und Kosmologie

[138] Floridi, L., 2011. The Philosophy of Information, Oxford University Press.

[139] von Weizsäcker, C. F., 1986. Ein Blick auf Platon: Ideenlehre, Logik und Physik, Reclam, Philipp, jun. GmbH, Verlag.

[140] Martin, G., 1963. Immanuel Kant. Ontologie und Wissenschaftstheorie, Berlin, Verlag de Gruyter, S. 3.

[141] Lyre, H., 2003. Ein Einblick in die Philosophie der Physik, Philosophisches Seminar (LFB 1), Universität Bonn, Bonn, Germany.

Information existiert und wenn ja, in welcher Form und welcher Beziehung sie zu anderen Strukturen und Entitäten der Realität steht. Mithin entsteht für unsere Frage nach dem Wesen der Information, die so eng mit den Erkenntnissen der Quantenphysik und der erkenntnistheoretischen Diskussion verbunden ist, hier eine besondere Brisanz. Der Philosoph Holger Lyre merkt dazu an: „Die an der aristotelischen Tradition orientierte, vorherrschende Ontologie neigt dazu, sich vornehmlich auf Gegenstände oder Objekte als Entitäten zu beziehen. Dies ist aber nicht zwingend, ebenso gut lassen sich Ontologien von Ereignissen oder Sachverhalten, Prozessen oder Strukturen betrachten. So ist beispielsweise die Frage durchaus nahe liegend, ob in der Quantenmechanik der Gegenstandsbegriff nicht eigentlich aufgegeben werden muss zugunsten reiner Klassen von Eigenschaften (die durch die Messbeobachtung im Hilbert-Raum beschrieben werden). Oder, noch weiter gefragt, ob in der Quantenfeldtheorie nicht eher Prozesse oder Ereignisse als grundlegend angesehen werden sollten."

Damit öffnet sich die Tür zu Landauer's These und der Vermutung von Wheeler „It from Bit?", dass Information physikalisch ist, denn Information kommt als grundlegende Eigenschaft der physikalisch-realen Welt durchaus in Frage. Oder, wie Anton Zeilinger mit Blick auf die Epistemologie feststellt:[142] „Es könnte durchaus sein, dass unsere Unterscheidung zwischen Information und Realität falsch ist. Das heißt nicht, dass alles nur Information ist. Aber es bedeutet, dass wir ein neues Konzept benötigen, das beides umfasst oder einschließt."

Die offensichtliche Verschiedenheit der „Quantenwelt", in der Begriffe wie Materie, Zeit und Kausalität eine andere Bedeutung annehmen, als ihnen bis zur Entwicklung der Quantentheorie zugewiesen wurde, zwingt dazu, die Fragen nach Wirklichkeit und Erkenntnis neu zu stellen. Letztere Frage hat schon Gottfried Leibnitz in faszinierender Modernität aufgeworfen und bereits

---

[142] Roebke, J., 2010. Realität auf dem Prüfstand. *Spektrum der Wissenschaft*, Dossier (4), S. 6-13.

Immanuel Kant inspiriert. Heute wird sie von Philosophen wie Michael Esfeld und Luciano Floridi unter dem Aspekt kausaler Strukturen und unter Berücksichtigung des veränderten physikalischen Weltbildes weiter verfolgt.[143] Dazu gehört dann auch die Frage, ob die Welt dem Grunde nach digital oder analog ist, ebenso ob denn neben Relationen und Fluktuationen etwas „Greifbares" zu finden ist, wenn man reduktionistisch den Blick auf zunehmend kleinere Dimensionen lenkt.

Offenbar führt die erkenntnistheoretische Diskussion dabei immer wieder auf den Informationsbegriff zurück, denn „Wie wir Information von der Welt erhalten, hängt davon ab, wie sie kodiert ist. Quantenmechanik kodiert Information – und wie wir diese messen, bestimmt, wie wir unsere Welt untersuchen und auch konstruieren."[144]

Die Wahrnehmung der Realität des Menschen bzw. von Lebewesen wird in der evolutionären Erkenntnistheorie untersucht. In dieser Theorie wird nach dem Grad der Übereinstimmung von Erkenntnis- und Realkategorien[145] gefragt. Diese moderne Fragestellung steht der Auffassung Kants, nach der Erkenntniskategorien a priori bei der Geburt vorhanden sind, zunächst entgegen. Immanuel Kant's Folgerung in seiner „Kritik der reinen Vernunft", »Alles Erkenntnis von Dingen, aus bloßem reinen Verstande, oder reiner Vernunft, ist nichts als lauter Schein, und nur in der Erfahrung liegt die Wahrheit«, steht zunächst im Widerspruch zur evolutionären Erkenntnistheorie: wahrnehmbare

143 Esfeld, M., und Sachse, C., 2010. Kausale Strukturen: Einheit und Vielfalt in der Natur und den Naturwissenschaften Originalausgabe. Suhrkamp Verlag.

144 Roebke, J., 2010. Realität auf dem Prüfstand. Spektrum der Wissenschaft, Dossier (4), pp. 6-13

145 Unter Kategorien (auch Eigenschaften, Aussagen oder Prädikate genannt) versteht man Grundmerkmale des Seienden. Damit sind Realkategorien Grundmerkmale der Wirklichkeit, und Erkenntniskategorien sind Grundmerkmale der Erkenntnis.

Objekte können wir nach ihr nicht erfassen und somit wissen wir auch nichts über sie bzw. dem dahinter liegenden „Ding an sich“. Hingegen postulieren Maturena und Varela („Erkennen hat es nicht mit Objekten zu tun“[146]) eine idealistisch geprägte Variante der evolutionären Erkenntnistheorie. Das heißt, es kann keine Übereinstimmung zwischen Erkenntnis- und Realkategorien geben, weil alles, was wir erkennen können, dem Bereich der (evolutionär erworbenen) Erkenntnisstrukturen angehört. Damit sind Beobachtungen ein Teil unserer Erkenntnis, während die Theorie, auf der Beobachtungen basieren, zur Realkategorie gehört.

Traditionell betrachtet die naturwissenschaftliche Metaphysik die Materie als die eigentliche Substanz. Das Geistige wird in diesem Realismus als Funktion oder Eigenschaft der Materie angesehen. Ebenso modern wie Leibniz stellt jedoch bereits Kant das Bild vom Physikalischen auf den Kopf, indem er sagt: „Ins Innere der Natur dringt Beobachtung und Zergliederung der Erscheinungen, und man kann nicht wissen, wie weit dieses mit der Zeit gehen werde“.[147] Kant kommt zu einem visionär-pessimistischen Ergebnis, wenn er den Prozess der Reduktion im Kleinsten zu Ende denkt: Wenn dann „die ganze Natur aufgedeckt wäre“, so ist und bleibt gemäß Kant das transzendentale Objekt (als „Ding an sich“), „welches der Grund dieser Erscheinung sein mag, die wir Materie nennen, ein bloßes Etwas, wovon wir nicht einmal verstehen würden, was es sei, wenn es uns auch jemand sagen könnte“.[148] Modern sind diese Gedanken deshalb, weil sie Erkenntnisse und Erfolge der modernen Naturwissen-

---

[146] Maturana, H. R., and Varela, F. J., 1990. Der Baum der Erkenntnis. Die biologischen Wurzeln des menschlichen Erkennens, Scherz, Müchnen. (Anmerkung der Autoren: die Formulierung des Zitats ist süddeutsch beeinflusst.)

[147] Kant, I., 1986. Kritik der reinen Vernunft, Reclam, Philipp, jun. GmbH, Verlag, B 334.

[148] Kant, I., 1986. Kritik der reinen Vernunft, Reclam, Philipp, jun. GmbH, Verlag, B 333.

schaft etwa in der Evolutionstheorie, der Quantenphysik und der Hirnforschung vorwegnehmen.

Der Ansatz der konstruktivistisch fundierten evolutionären Erkenntnistheorie steht methodisch sicher nicht ohne Wettbewerber im erkenntnistheoretischen Diskurs. Er verweist nach Meinung der Autoren dieses Beitrages jedoch auf die Möglichkeit des Erkenntnisgewinns durch evolutionäre Modellbildung. Diese wiederum würde es erlauben, den reduktionistischen Weg von der klassischen Physik über die Quantenphysik und die Rolle der Information in ihr umzukehren und die Information als Katalysator der Evolution und letztlich der Herausbildung von Erkenntnis zu begreifen.

Dieser Gedanke soll im Folgenden kurz erläutert werden: der evolutionären Erkenntnistheorie liegt die Annahme zugrunde, dass Erkenntnis weder durch Sprache (allein) entstehen kann noch irgendwie ganzheitlich einer Gattung zugeschrieben werden kann. Vielmehr ist bereits der erste Schritt bei der Entstehung des Lebendigen und seiner ersten Interaktion mit der - so entstandenen, neuen Außenwelt - bereits als erster Schritt zur Entstehung von Erkenntnis aufzufassen. Eine andere Erkenntnis als sie Fischen, Insekten und Säugern eigen ist, aber eine Erkenntnis, die über ein Modell der Außenwelt entsteht und somit verfügt.

In Bezug auf die Rolle der Mathematik in der Physik schreibt Stephen Hawking als erklärter Anhänger einer positivistischen Philosophie:[149] „ Physikalische Theorien sind nur mathematische Modelle, die wir konstruieren. Wir können nicht fragen, was die Wirklichkeit ist, denn wir haben keine modellunabhängigen Überprüfungen von dem, was real ist.“ Er führt weiter aus, dieser modellabhängige Realismus gelte nicht nur für wissenschaftliche Modelle, sondern auch für die bewussten und unbewussten mentalen Modelle, die wir alle schaffen, um unsere alltägliche Welt zu

[149] Hawking, S. & Mlodinow, L., 2010. *Der große Entwurf: Eine neue Erklärung des Universums* 3. Edition, Rowohlt, Hamburg.

deuten und zu verstehen. Ausgereiftere Sinnesorgane ermöglichen dann komplexere Wahrnehmungen mittels komplexerer Modelle und fordern die Entwicklung von ausgereifteren Methoden der Informationsverarbeitung heraus. Diesen konstruktivistischen Weg beschreibt die evolutionäre Erkenntnistheorie.[150] [151] Es erübrigt sich, die entscheidende Rolle der Information in diesem Prozess hervorzuheben. Nicht nur sind alle beteiligten Individuen informationsverarbeitende Systeme, sondern auch der Gesamtprozess der Evolution ist durch kollektive Informationsverarbeitung und durch langfristige Entwicklung, Kodierung und Archivierung von Information gekennzeichnet.

So wird schließlich ein gesamthaftes Erklärungsmodell sichtbar, in dem die Information quasi als Katalysator bei der Betrachtung physikalischer Sachverhalte dient. Mit zunehmender Reduktion des Informationsbegriffs von einem recht unbestimmten Phänomen der Alltagswelt, hin zu einer fundamentalen Konstituente des Physikalischen, ändert sich dabei die Rolle der Information mit der jeweiligen Betrachtungsebene. Dabei werden Sinnesreize interpretiert und Modelle der Welt abgeleitet. Im nächsten Schritt - bei zunehmender Abstraktion der Modelle und unter Beibehaltung der zentralen Rolle der Information,- wird dann der Weg vom Physikalischen zur biologischen Evolution beschritten und die evolutionäre Entstehung von Erkenntnis zeichnet sich ab.

Wie oben dargestellt, spielen Zufall und Statistik in der Natur selbst und bei ihrer Beobachtung eine Schlüsselrolle. Physikalische Theorien, die unsere Welt gut beschreiben, geben uns Aufschluss über die Struktur der Realität. Somit stellen diese Theorien Information über die Realität und ihre (innere) Struktur dar. Die Physik trifft in einigen bedeutenden Bereichen jedoch nur

---

[150] Vollmer, G., 2003. Wieso können wir die Welt erkennen?, Neue Beiträge zur Wissenschaftstheorie, Hirzel, Stuttgart.

[151] Riedl, R., 1980. Biologie der Erkenntnis. Die stammesgeschichtlichen Grundlagen der Vernunft. 1. Edition, Parey, Berlin.

statistische Aussagen. Damit ist der Determinismus in Frage gestellt. Als Beispiele sind die Thermodynamik und die Quantenmechanik zu nennen. Der Thermodynamik liegt der Begriff der Entropie zugrunde. Diese verhält sich monoton wachsend mit der Zeit. Eine Herausforderung der Thermodynamik ist, die Gerichtetheit der Zeit auf die Gerichtetheit statistischer (physikalischer) Prozesse zurückzuführen, d. h. zum Beispiel reversible Prozesse mit kanonischer Zeitrichtung zu versehen - wobei zu beachten ist, dass Zeit und Kausalität auf quantenphysikalischer Ebene ihre Bedeutung verlieren bzw. verändern. In der Quantenmechanik besteht zudem die Herausforderung, die Beziehung von zeitbezogenen Zustandswerten zum Messprozess zu erklären. Die zeitbezogenen Zustandswerte sind in der Theorie (deterministisch) berechenbar, dagegen sind die Ergebnisse des Messprozesses nur stochastisch vorhersagbar. Bereits Albert Einstein stellte die Frage, welchen Einfluss die Messung auf den tatsächlichen Zustand hat, bzw. was der Messung in der Realität entspricht: „Every observation presupposes an unambiguous connection between the phenomenon to be observed and the sensation which eventually penetrates into our consciousness. But we can only be sure of this connection if we know the natural laws by which it is determined. If, however as is obviously the case in modern atomic physics, these laws have to be called into question, then the concept of 'observation' loses its clear meaning".[152] Ebenso ist offen, was einen Messprozess ausmacht und wie dieser in physikalischer Sprache beschrieben und damit charakterisiert werden kann.

Anton Zeilinger sagte dazu: „Ich habe das Gefühl, um die Welt zu verstehen, brauche ich beide Konzepte, das Konzept der Wirklichkeit und ich brauche auch das Konzept des Beobachters, oder ich kann auch sagen, das Konzept der Information. Für mich ist Information genauso wichtig wie die Wirklichkeit, wie die Realität des draußen existierenden. Die Quantenphysik ist letztlich

[152] Gilder, L., 2008. The Age of Entanglement: When Quantum Physics was Reborn. New York, Alfred A. Knopf.

dann eine Konsequenz dessen, dass wir Aussagen über die Wirklichkeit in Sätzen formulieren können, in Propositionen, und weniger Information als eine Proposition gibt's nicht. Und daher muss unsere Weltbeschreibung quantisiert sein. Das ist der Ansatz. Eine Welt ohne uns, die wir die Welt beschreiben, ist genauso sinnlos, wie eine Welt, die nur vom Beobachter abhängt. Irgendwo dazwischen ist der richtige Weg."[153]

Im Sinne der Emergenz lassen sich Systeme - insbesondere solche die gewachsen bzw. aus anderen Systemen entstanden sind - manchmal auch nicht erklären. Diese Position der grundsätzlichen Nichterklärbarkeit wird z. B. von Robert Laughlin[154] für die Quantentheorie angenommen. Diese Annahme deckt sich mit dem Unvollständigkeitssatz von Kurt Gödel (80 Jahre vor Laughlin), mit dem bewiesen wurde, dass sich Aussagen in komplexen Systemen - wie z. B. die Numerik - nicht immer beweisen oder widerlegen lassen.[155] Damit muss Information nicht beweisbar sein, sondern kann einfach eine Eigenschaft von Systemen sein und für deren Repräsentation genutzt werden, wie das Qubit für elementare Systeme in der Quantentheorie.

Welchen Beitrag liefert die dargestellte Philosophie der Natur zum Verständnis des Wesens der Information? In diesem Gebiet mit den betrachteten Schwerpunkten der Thermodynamik und Quantenmechanik gibt es keine allgemeine Theorie für die Formalisierung. Damit sind diese individuell vom Menschen für die einzelnen Teilgebiete zu erstellen. Die Extraktion von Information, die Bestimmung deren Erkenntniskategorie und ihre Interpretation basieren ebenfalls auf der Wahrnehmung. Dies wird durch die Verwendung unterschiedlichster Repräsentationsfor-

---

[153] Schuh, B., 2011. Ein Stein weiß nichts. Oder. Was ist Information? http://www.dradio.de/dlf/sendungen/dossier/557671/ (besucht Februar 2012).

[154] Laughlin, R. B., 2007. Abschied von der Weltformel. Die Neuerfindung der Physik. Piper.

[155] Vgl. Fußnoten 127 und 128.

malismen aus der Mathematik, Statistik und Logik unterstützt. Hierdurch ist die Verständlichkeit der verwendeten Repräsentationen meistens gering, weil diese abstrakt sind. Allerdings sind die wahrnehmbaren Objekte und ihre Eigenschaften und Interpretation für den Menschen real erfassbar.

5. Resümee

Die vorliegende erkenntnistheoretische Betrachtung des Begriffs Information zeigt den historischen Verlauf vierer Stränge der Konkretisierung dieses Begriffs. Zeitlich aufeinanderfolgend schließen sich an Erkenntnisse der Thermodynamik solche der Informationstheorie an. Die bereits sichtbaren Querbezüge zwischen beiden werden weiter durch Entwicklungen der Quantenphysik und der Biologie gestärkt.

Es zeichnet sich ab, dass der Begriff eine völlig andere und konkretere Semantik gewonnen hat, als dies sein täglicher Umgang - auch in Informatik und Physik - bisher erwarten lässt. Insbesondere die Fortschritte der Quantenphysik weisen zunehmend - wenn auch nicht abschließend - auf Information als grundlegenden Stoff des Seienden hin. Das „It from Bit" von Wheeler muss als Hypothese verstanden werden, deren Verifizierung bzw. Falsifizierung aussteht. Jedoch besteht heutzutage die Erkenntnis, dass Information eine Eigenschaft von Materie und insbesondere von kleinster Materie ist. Damit ist Information auch der „Rohstoff" unseres Universums.

In der Informationstheorie und der Thermodynamik basiert das Konzept Information auf dem logarithmischen Maß der Entropie. Diese ist die kürzeste Beschreibung, um zwei Zustände bzw. Systeme voneinander zu unterscheiden. In der Quantentheorie hingegen wird die sogenannte „totale Information" für Quantenzustände verwendet.[156] Der Informationsgehalt eines elementaren Systems beträgt hiernach genau ein Bit,[157] und führt zu dem

[156] Brukner, C., and Zeilinger, A., 2002. Information and fundamental elements of the structure of quantum theory, arXiv:quant-ph/0212084v1.

[157] von Baeyer, H. C., 2005. Das informative Universum: Das neue Weltbild der Physik. Beck Verlag, Deutschland, S. 260: „.Diese Definition ist auch unabhängig davon, ob die Systeme untereinander verschränkt sind oder nicht."

Qubit, welches inhärent alle möglichen Quantenzustände enthält. Erst durch eine Messung wird eine Ausprägung von Information angenommen. Ob das Qubit eine ähnliche prägende und katalysierende Wirkung wie das Bit auf das Verständnis von Information haben wird, ist derzeit noch eine offene Frage, da wir uns noch am Anfang des Quanten-Computings befinden.

Nach der Quantentheorie wird durch Beobachtungen bzw. Messungen Realität im klassischen Sinne geschaffen. Diese Dekohärenz ist - im Sinne von Verifizierung der Theorie - mit Aufgaben verknüpft. Die Lösung dieser Aufgaben erforderte die Modellierung und Durchführung von Beobachtungen. Damit werden im intuitionistischen Sinne Aufgaben repräsentiert und durch deren Interpretation können diese real und zu Information im Rahmen der klassischen Physik werden.

In der evolutionären Erkenntnistheorie haben wir weiter oben gesehen, dass Information als Katalysator der Evolution und der Herausbildung von Erkenntnis aufgefasst werden kann. Hierbei sind nicht nur alle beteiligten Individuen informationsverarbeitende Systeme, sondern auch der Gesamtprozess der Evolution ist durch kollektive Informationsverarbeitung und durch langfristige Entwicklung, Kodierung und Archivierung von Information gekennzeichnet. Gene und ihre DNA sind geeignet, Berechnungen auszuführen. Wie weit eine Analogie zu Computern oder gar der Mächtigkeit von Turing-Maschinen trägt, ist noch nicht ansatzweise geklärt.

Die klassische Logik erlaubt Information in Form von Wahrheitswerten zu kodieren und diese durch Wahrheitstafeln zu bewerten. Hierdurch kann beobachtetes oder abgeleitetes Wissen im Allgemeinen nicht bewiesen oder widerlegt werden. Die intuitionistische Logik mit der Grundidee der Beweisbarkeit von Aufgaben (diese entsprechen in physikalischen Systemen Messungen bzw. Beobachtungen) ergänzt die klassische Logik.[158] Damit ist es möglich, z. B. Messungen in der Physik mit der zu-

[158] Vgl. Fußnote 130.

grundeliegenden Theorie auf Stimmigkeit zu überprüfen. Messungen und Beobachtungen stellen Information dar und diese wird hierdurch überprüfbar. Für die Quantenphysik wird die Information erst durch die Nachvollziehbarkeit wahrnehmbar und damit real. Messungen aus der Teilchenphysik sind für den Menschen unverständlich, solange sie nicht nachvollzogen werden können. Hierfür muss die beobachtete Information mit der angenommenen Theorie auf Übereinstimmung geprüft bzw. bewiesen werden. Somit eröffnet die intuitionistische Logik für die Information eine „neue“ Verständnisdimension für den Menschen.

Information kann, darauf weisen viele der aufgeführten Bezüge hin, als eine neue Quintessenz angesehen werden, die nicht nur der nicht-greifbaren Quantentheorie, sondern insbesondere der Verbindung zwischen unbelebtem und belebtem Seienden „Leben einhaucht“.[159]

Die recht hohe Zahl auch aktueller Veröffentlichungen weist darauf hin, dass dieses Thema sich eines hohen Interesses erfreut. Dies kann nur begrüßt werden, ist doch Information nicht nur von physikalischem Interesse, sondern ruft auch in der Informatik nach intensiverer Auseinandersetzung, ist sie doch gerade hier der Rohstoff und das Produkt, um das sich alles dreht. Auch in weiteren naturwissenschaftlichen Bereichen wie der Biologie, der Kosmologie und der Chemie führt die Auseinandersetzung um das Wesen der Information essenziell für das Verständnis von grundlegenden Vorgängen zunehmend auf wachsendes Interesse.

Der vorliegende Beitrag kann nur einen Abriss über das dargestellte Thema geben. Auch ohne sich in mathematisch anspruchsvollere Regionen zu begeben, würde eine Vertiefung des Stoffes eine weitere Fülle lohnenswerter Einsichten in die Natur bieten - dies gerade, weil hier eine spezifische und bis dato noch eher ungewöhnliche Perspektive eingenommen wird.

---

[159] Vgl. Fußnote 9.